中国大陸から見た台湾
宮古島
石垣島
波照間島
西表島
先島諸島
与那国島
日本
尖閣諸島
魚釣島
花蓮
基隆
板橋
台北
新竹
台湾
福州
瑞安
温州

『兵は拙速を聞くも、いまだ功の久しきをみざる』

＝孫子の兵法より＝

山下裕貴

完全シミュレーション　台湾侵攻戦争

講談社＋α新書
プラスアルファ

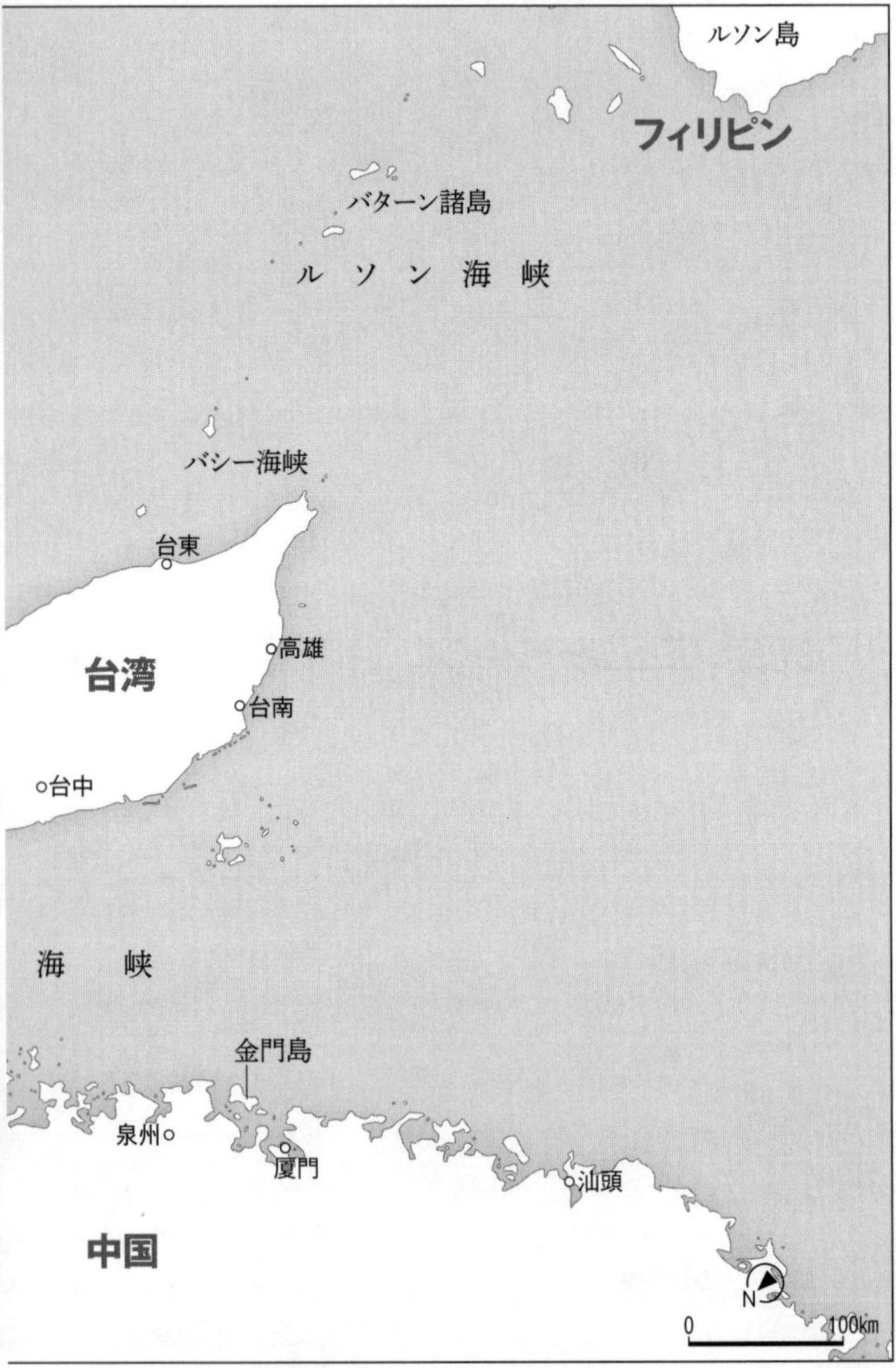
ルソン島
フィリピン
バターン諸島
ル　ソ　ン　海　峡
バシー海峡
台東
高雄
台湾
台南
台中
海　峡
金門島
泉州
厦門
汕頭
中国
N
0
100km

プロローグ

石垣島《いしがき》では未明から防災用サイレンが鳴り響き、Ｊアラート（全国瞬時警報システム）がけたたましく警告音を発した。

巡航ミサイルがヒューーと唸《うな》りをあげ、自衛隊の防空網を突破して石垣駐屯地に着弾した。

石垣港、新石垣空港、火力発電所、通信塔にミサイルが次々命中。自爆ドローンも飛来し、監視施設や燃料施設・弾薬庫を破壊した。

中国軍の猛攻に、石垣島は陥落寸前となっていた――。

一方、与那国《よなぐに》島ではすでに全住民が避難し、在島するのは自衛隊のみだった。中国側の電子戦攻撃によって島外とのすべての通信連絡は不通に陥っている。

中国軍は石垣島同様、ミサイル攻撃によって自衛隊の反撃態勢を無力化した。多数の輸送ヘリコプターが与那国空港に着陸して占拠し、次いで重装備の中国海軍陸戦隊が上陸、与那国駐屯地を包囲した。

侵攻した中国軍と自衛隊の戦闘は、ものの数時間で決着がついた。貨物船によって運ばれた軽戦車など、中国軍の戦闘車両が自衛隊を圧倒。駐屯地を占拠し与那国沿岸監視隊は武装解除された。

ちょうどそのころ、尖閣《せんかく》諸島魚釣《うおつり》島には中国海軍陸戦隊が上陸し、中国国旗を掲揚していた。


与那国島、魚釣島を制圧された自衛隊は、海から反撃を開始する。

石垣島南東海域に進出した護衛艦、東シナ海・宮古島沖に展開した潜水艦が、与那国島沖合の中国艦船に向け巡航ミサイル・トマホークを発射。さらに、石垣島の森林地帯の射撃陣地から地対艦ミサイルを発射し、中国艦艇に大損害を与えた。

中国海軍は戦闘爆撃機の空対艦ミサイルで応戦する。

台湾侵攻戦は、自衛隊と人民解放軍が直接砲火を交える激戦となった——。

完全シミュレーション　台湾侵攻戦争●目次

第2部　台湾有事シミュレーション

第3部　シミュレーション解説

第4部　戦争の結末

本文中地図・図版製作　アトリエ・プラン

第１部

中国はいつ台湾侵攻を決断するのか

アメリカが予測する「Xデー」

中国は本当に台湾に侵攻するのか。

その問いに対し、私は「イエス」と答えている。問題はそれがいつかである。様々な見方があるが、それほど遠くない未来との認識は米軍幹部・専門家に共通する。

2021年3月、米インド太平洋軍のフィリップ・デービッドソン司令官（当時）が米上院公聴会で「今後6年以内（2027年まで）に中国が台湾に侵攻する可能性がある」と予測した。

デービッドソン司令官は2022年8月にも「タイムライン（2027年まで）を変える要因はいまのところ見当たらない」とあらためて警告している。2027年は、習近平総書記の3期目の任期が終わり4期目を窺う節目であるとし、政治指導層の動向にも左右されるとの見方を示している*1。

マイク・ギルデイ米海軍作戦部長は2022年10月19日に米シンクタンク「大西洋評議会」のオンラインイベントで「2027年ではなく、私の中では22年、あるいは23年の可能性もあると思っている」と発言している*2。

２０２３年２月には、ＣＩＡ（中央情報局）のウィリアム・ジョセフ・バーンズ長官が驚くべき情報を口にした。

「中国の習近平主席が、２０２７年までに台湾侵攻の準備を完了するよう、指令したというインテリジェンスを得ている」

アメリカは、中国の政権中枢に通じる重要な情報源を危険にさらしてまで、台湾侵攻の動きを牽制《けんせい》したのだ。事態はそれほど切迫している。

２０２２年８月２日にアメリカ下院議長（当時）のナンシー・ペロシ氏が台湾を訪問すると、中国は激しく反発し、その日の夜から台湾本土を取り囲むように６ヵ所でミサイル発射を含む大規模な軍事演習を行った。４日には日本の沖縄県波照間《はてるま》島の南西、排他的経済水域（ＥＥＺ）内に５発のミサイルが着弾した。日本政府はただちに抗議したが、台湾有事が日本有事と同義語であることをあらためて認識させられた。

元日台交流協会台北事務所安全保障担当主任の渡邊金三氏は台湾統一に向かうタイムスケジュールを以下のように分析している。

〈現在（2022年）から2035年まで〉＝台湾を支援するアメリカの核戦力に対し、中国の核抑止力が不十分であるため「平和統一」路線にならざるを得ない時期

〈2035年から2050年〉＝アメリカの核戦力に対する核抑止力を保持し、通常戦力主体による台湾侵攻が可能となる時期

台湾の総統選挙は2024年、2028年、2032年に予定されている。これに対し中国は、統一に有利な政党・候補者が勝利を収めるよう輿論《よろん》戦を展開すると渡邊氏は見ている。

2035年以降、台湾の政治情勢が中国側に有利に動かない場合は、武力侵攻に踏みきる可能性がある。中国国内の経済問題、人口問題、民族問題、大規模自然災害などによる国民の不満が共産党政権に向かった場合にも、台湾侵攻という冒険に乗り出す可能性があると分析している*3。

中国はアメリカに比肩する世界一流の軍隊の創造、戦争に勝利する軍隊の創造を目指しているが、世界最強を誇る米軍と正面から対峙するのは得策ではない。台湾侵攻を開始したら、アメリカが本格的に軍事介入する前に短期間で作戦目的を達成する方策を考えるだ

ろう。

後述するようにアメリカは、台湾関係法に基づき台湾に武器供与を行って防衛力強化を支援している。ジョー・バイデン大統領は中国の武力侵攻が行われた場合、アメリカは台湾を防衛する責任を有しているとの発言を繰り返しているが、アメリカは本当に参戦するのか。するとすればどのような形になるのか。

日本では、政府首脳や専門家が繰り返し「台湾有事は日本の有事」と発言している。しかし、中国の台湾侵攻が具体的にどのような形で日本に波及するのか、自衛隊は人民解放軍と直接戦闘することがあるのかなど、「有事」の具体的な内容は説明されていない。しかし実際には、政府首脳や与党議員が台湾有事発生時の対応についてひそかに研究を重ねていることはあまり知られていない。

2022年には十数名の国会議員が集まり、完全非公開で図上演習（ウォーゲーム）を数回行った。日本政府の危機管理対応を目的としたもので、私は企画・指導役として参加している。

れている。

「独立」を望んだときが危ない

アメリカ政府の資料によれば、武力侵攻のトリガー（きっかけ）は以下のように想定されている。

①台湾が独立を宣言したとき、または独立のプロセスを表明したとき
②台湾が国連に加盟申請を行ったとき（明確に独立に向かう動き）
③台湾内部の混乱（大陸派と独立派の対立などにより）
④台湾の核武装の動き
⑤台湾が平和維持軍の駐留を要請したとき（外国勢力及び外国軍の台湾進駐）

ひとつひとつ見ていこう。

④の台湾の核武装はあり得ないと考えられる。それに関連する台湾当局者の発言はなく、アメリカが同意するとも思われない。

③の社会の混乱も考えづらい。台湾経済は安定成長しており、中国側の扇動によるもの

以外には社会的な混乱は当面想定できない。

①の独立宣言も台湾市民の多くが現状維持に満足しているため、当面はないと考えられる。

⑤の平和維持軍への駐留要請は困難だと思われるが、紛争状態に陥って緊張が高まった場合、派遣要請を行う可能性はある。

したがってもっとも可能性があるのは②の台湾の独立に向かう動きである。現在台湾が独立に向けて動いているわけではないが、現実に動きがなくても「独立を志向している」と中国が恣意的《しいてき》に判断する可能性もある。

２０２２年２月24日、ロシアがウクライナに侵攻したときの名目は、「抑圧された民族虐殺に遭《あ》っている人々を守り、非軍事化・非ナチス化すること」であった。ウクライナのＮＡＴＯ（北大西洋条約機構）加盟の動きが、ロシアにとっての許容限界を超えたのである。

ごく小さな事象でも、戦争を起こそうと考える国には開戦の理由になる。つまり、台湾が展開する国際活動が中国の琴線に触れ、台湾侵攻のトリガーになり得るということである。

現在、台湾に訓練指導のために米軍人が派遣されていることは台湾も認めているが、これを拡大して米軍が部隊規模で常駐するようになれば中国としては容認できないであろう。

また、可能性はきわめて低いが、台湾が集団安全保障の枠組みに入ろうとする場合、または米軍を中心とした多国籍軍の駐留を要請した場合も同じく容認できない。

２０１６年の台湾総統選挙で民進党の蔡英文政権が誕生して以降、中国政府の露骨な圧力によって台湾と国交を維持する国が22ヵ国から13ヵ国に減少するなど、台湾を取りまく対外環境は悪化している。にもかかわらず、蔡総統は２０２０年１月の総統選挙で台湾政治史上最多の８１７万２３１票を得て再選を果たした。

西欧諸国は台湾海峡の安定化に強い関心を示している。ＥＵ議会は、２０２１年10月に台湾との関係強化に関する文書を採択し、翌月、議員団が訪台した。

バルト三国のひとつリトアニアは、２０２１年８月に台湾との互恵関係を図るとの声明を発表して、11月には首都ヴィリニュスに台湾の駐リトアニア代表処を開設した。中国政府はこれに強く反発し、リトアニアの処置に断固反対する旨の発表を行った。
外交関係のない日本では大使館に代わる機関として「台北駐日経済文化代表処」を置き、台湾の名前は冠していない。

中国は、台湾は中国の一部であるとする「一つの中国」が国是である。つまりそれが議論の前提となる。

もちろん台湾も中国の考えを十分に承知しており、公然と独立を口にすることはないが、現総統の蔡英文氏は「二つの中国」の立場に立ち、中国との対等な関係構築を目指して政権運営を行っている。

日本が敗戦により台湾を放棄した時点で台湾は独立を果たしており、戦後の台湾においては台湾国が存在し、大陸から中華民国が亡命し併存している、つまり、台湾はすでに独立国であるという考え方である*4。すでに独立しているのであるから、独立宣言は不要で、対等の立場で中国との関係を構築していくとする。

蔡総統は２０２２年10月10日、「中華民国建国」を記念する双十節で演説し中国との対話を継続する方向性を示した。

「中国当局に対して、武力衝突は双方にとって絶対に選択肢にないことを明確にしたい」「台湾の主権、民主主義、自由へのコミットメントを尊重してこそ、建設的交流を再開することが可能になる」

蔡氏は国防について「台湾は自らの防衛に責任を持つことになる」とし、精密誘導兵器や高性能艦艇の量産を拡大し、小型で機動性の高い兵器の確保に取り組むことを指示した。防衛力の強化を図り、「外部の軍事的脅威」に対応する準備を万全にすると述べた*5。

とはいえ、「対等な関係」という言葉はきわめて曖昧《あいまい》で、独立国家として中国と対等であろうとしていると捉えることもできる。中国の目には「台湾は〝独立〟を目指して動いている」と映り、その神経を刺激する。

仮に蔡総統が国連総会にオブザーバー参加しようとすれば、それは中国から見れば、国連の場で独立を宣言しようとしていると判断され、台湾侵攻の口実を与えることになりかねない。

習近平の野望

一方中国の習近平総書記は、2021年7月1日の共産党創建100周年記念式典の演説で以下のように述べた。

「台湾問題の解決と祖国の完全なる統一の実現は中国共産党の揺るぎない歴史的任務であり、中国国民の共通の願いだ」

「台湾海峡の両岸の同胞を含む中国のすべての人民は協力し、団結し前進し、いかなる台湾独立のたくらみも断固たる決意で打ち破り、国家主権と領土の一体性を防衛する強大な能力を誰も過小評価してはならない」

また、同年10月9日に行われた辛亥革命110周年記念式典では次のように演説した。

「台湾統一は必ず実現しなければならないし、必ず実現できる」

「台湾問題は純粋に内政問題であり、いかなる外部からの干渉も容認しない。主権と領土を守る中国人民の断固たる決心と意思を見くびるべきではない」

外国勢力による中国統一への干渉や台湾独立への動きを牽制したのである。

２０２２年10月、中国共産党は第20回党大会を前に重要会議を開き、習近平の共産党での核心的な地位と、思想の指導的な地位を確立する「二つの確立」というスローガンを盛り込んだコミュニケを発表した。

さらに党規約を改正し、習近平主席が異例の3期目の任期に入ることを認めた。習近平主席は党中央委員会政治報告で、台湾の統一について「武力行使を決して放棄しない。あらゆる選択肢を持ちつづける」と宣言した。

政治報告の台湾統一については、次の通り記述されている*6。

〈祖国統一〉

台湾問題を解決し、祖国の完全統一を実現することは、共産党の歴史的任務である。新時代における党の台湾問題解決の基本方策を貫徹し、両岸（中台）関係の主導権を握る。

「一つの中国」原則と「1992年合意」を堅持し、「台湾独立」に断固反対する。台湾問題の解決は、中国人自身が決める。最大の誠意と努力で平和的統一を実現するが、決して武力行使の放棄を約束せず、あらゆる必要な措置をとる選択肢を残す。このことは外部勢力からの干渉とごく少数の「台湾独立」分裂勢力に向けたものであり、広範な台湾同胞に対したものではない。統一は必ず実現しなければならず、必ず実現できる。

習近平総書記が「決して武力行使の放棄を約束しない」と述べたことに台湾総統府は強く反発し、「私たちは主権問題で譲らない。民主主義と自由主義で妥協しない」とコメントした。

台湾の駐米台北経済文化代表処の蕭《しょう》美琴《びきん》代表は新聞社のインタビューで「中国政府と人民解放軍は軍事演習を含め無責任で挑発的な行動をとっている」と批判し、偽情報の拡散など台湾政治に影響を及ぼすことを目的とした「グレーゾーン」の攻撃に日々さらされているとした*7。

続く10月23日の中央委員会第1回総会（1中総会）において正式に3期目の習政権が発足した。最高指導部の政治局常務委員7名は、習近平とその側近で固められ、強大な権限の集中が鮮明になった。

習政権の最大の政治課題が台湾統一であり、習近平の悲願である。

党関係者の中には「習政権で台湾問題は必ず動く。逆に言えば、台湾問題が片付かない限り習政権は続く」と言い切る者がいる*8。

1中総会では党指導部を構成する政治局員（24名）、政治局常務委員（政治局員から選出される7名）、党中央軍事委員会委員（7名）を決定した。李克強首相、胡春華副首相が政治局常務委員から外れ、かつてエリート養成機関とされた共産主義青年団出身が排除された形となった。毛沢東への個人崇拝と権力集中が文化大革命の大混乱につながったという歴史への反省から、鄧小平が確立した集団指導体制はついに崩壊した。

習近平主席は政治局常務委員を側近で固め強権体制を確立したが、反体制派がいなくなったわけではない。

独裁者が政権を長く維持すれば反動が大きくなり、党内外に不満分子が増えていく。いつかはその制御が利かなくなり、何らかのきっかけで爆発する可能性がある。

中央軍事委員会の人事も同時に発表された。

委員会の主席は習近平が引きつづき務め、ナンバー2の副主席ポストの制服トップには張又俠《ジャンヨウシア》が留任、加えて新たに「東部戦区」前司令員の何衛東《フウーウェイドン》が昇格した。台湾の対岸の福建省で長く勤務した経験がある何氏は、2022年1月に東部戦区司令員から人民解放軍の作戦中枢である「統合作戦指揮センター」に異動していた。ペロシ米下院議長の台湾訪問後の大規模演習などを統括していたと見られる。東部戦区の作戦を熟知している何氏を重職に就けたのは台湾有事の際の作戦指揮を円滑にするための布陣だろう。

軍関係でもう一つ注目する人事が行われた。東部戦区司令員の林向陽《リンシャンヤン》氏が党中央委員に昇格したのである。林氏は福建省出身で、何衛東氏と入れ替わる形で1月に東部戦区司令員に就任した。台湾情勢が緊張するなか、党中央委員のまま台湾を担当する戦区司令員の職を担うのは、「信頼の置ける司令員を現場に置く必要があると習近平が判断したためだ」と党関係者は明かした。

また劉振立《リウジェンリー》前陸軍司令員の中央軍事委員昇格も決まった。統合参謀部参謀長に起用される可能性が高い＊9。

中国の国内事情

中国指導部は、いかなる条件下で台湾侵攻を決断するのだろうか。

2005年3月に制定された反国家分裂法では、「平和統一の可能性が完全に失われたとき、国は非平和的方式その他必要な措置を講じて、国家の主権と領土保全を守ることができる」とし、武力行使が可能であることが明文化されている。つまり、平和的統一の可能性が完全に失われたと中国指導部が判断したときにこの条文が該当することになる。

台湾の動き以外にも、侵攻を決断する引き金となることはある。それは中国の内政面からの要請である。中国共産党は創建以来、未だ中国の完全統一を成し遂げていないが、香港を事実上統一し、残るは台湾だけとなった。

国内の経済状況が悪化して国民の不満が臨界点に達し、その矛先が共産党政権に向かう場合には、台湾への武力行使を決断する可能性がある。

そのときは「中華民族の偉大なる復興」が旗印となる。


別の可能性もある。それは習近平に対する個人崇拝である。

北海道大学の城山英巳教授はその生い立ちに注目する。習近平の父・習仲勲元副総理は文化大革命で政治的迫害を受け16年間もの長きにわたって軟禁・投獄された。習近平少年も反動分子の子弟として、15歳のときに下放され農村で苦汁をなめた。

その後、父の習仲勲が復権し、その七光りで出世していくことになる。習近平は文化大革命を生き抜いたことを成功体験に転換している。彼が目指すのは格差のない社会＝「共同富裕（文化大革命の目標の一つ）」であり、その先に見ているのは毛沢東の革命時代にみなぎっていた国民の熱狂である*10。

人民解放軍創設100年の節目で、人民解放軍の強軍化目標が完成する2027年頃、戦争遂行能力を最高度にして台湾に侵攻し、中国統一を成し遂げる。それによって国民を熱狂させて4期目の政権運営を担い、毛沢東を超える領袖として歴史に名を残す――これが習近平の筋書きではないか。

それ以前の段階でも、2024年の台湾総統選挙で独立志向の強い民進党候補が有利な情勢となれば、侵攻の口実となり得る。台湾の総統選挙は4年に1度で、アメリカ大統領選挙と同じ年にあたる。米大統領選の前後は権力の空白時期であり、強い政治決断ができないと中国側が判断すればチャンス到来となる。

「台湾海峡」という大障害

米国防総省の「中国軍事力報告2022」では、台湾海峡作戦を担当する部隊として、人民解放軍の東部戦区及び南部戦区を挙げている。増援部隊を含め、両戦区を合計すると約42万人の戦力が台湾正面に使用可能とされている。

一方の台湾軍は約9万人であり、地上戦力は中国軍が4・6倍となる。海上戦力は水上艦艇で見ると中国海軍73隻、台湾海軍26隻で2・8倍、航空戦力は戦闘機を見ると中国空軍700機、台湾空軍300機であり2・3倍となる。

一般に軍事的には、攻撃側は防御側の3倍以上の戦力が必要とされている。つまり、現状でも中国側は最低限の攻撃戦力はすでに保有している。

多くの日本人は、強大な中国の軍事力をもってすればすぐにでも台湾海峡を渡海し台湾に侵攻できると思っている。しかし、中国軍の前に台湾海峡が横たわり、陸続きのウクライナに侵攻したロシア軍の作戦とは明らかに違う。

海峡は狭い場所で約140キロ、潮の流れが速く、冬場には強風が吹き、濃い霧が発生して、夏場には多くの台風が通過する。中国軍の前に立ちふさがる自然の要害である。大艦船群が整斉と行動することを阻害し、侵攻時期を春先と秋口に限定する。

中国軍の海上輸送能力はどうか。

2022年現在、中国海軍はドック型輸送艦8隻、戦車揚陸艦30隻、ヘリコプター搭載強襲揚陸艦3隻等を保有しているが、これだけでは約2万人の同時輸送能力しかない。これを補うため民間貨物船を徴用し活用する。2025年ごろには強襲揚陸艦を12隻に増やすなど、艦艇を増強すると見られる。

中国は5206隻、1億6500万トン、香港は1532隻、9363万トンの船腹数（1000トン以上）を保有する（2017年時点）＊11。軍用艦船で強襲上陸した部隊が主要港湾を確保した後に、貨物船に乗船した後続部隊を上陸させる。ただし、大規模な民間船の徴用は中国の物流システムに大きな影響を与え、国民生活に負担をかけることになる。

台湾本島への上陸にも多くの障害がある。台湾西部の海岸のうち上陸に適しているのは台北市、台南市正面と一部の台中市正面に限定される。

海岸からすぐに市街地が広がっており、上陸部隊が作戦展開するに十分な地積が確保できない。

内陸侵攻に移行しても、台湾を北部から南部に貫き、島を東西に分ける中央山脈の天険が最大の障害となる。3825メートルの秀姑巒山をはじめとした3000メートル級の高峰である。この地形障害が台湾東部地区への侵攻をきわめて困難にしている。

台湾軍は地形を巧みに利用して陣地を構築し、台湾海峡などの障害を最大限に生かすだろう。アウトレンジからのミサイル攻撃、機雷・地雷の敷設と対機甲火力の組織化、組織的な防御戦闘を侮ることはできない。加えて中国は、アメリカの介入と日本の存在を考えなければならない。

現状では台湾侵攻にはかなりのハードルがあり、作戦上は困難をきわめることになる。しかし、ロシアのウクライナ侵攻を見ても分かるとおり、権威主義国家では指導者がいったん決心すればいかなる困難や犠牲があっても作戦を実行する。そのことを忘れてはならない。

「台湾関係法」とアメリカの台湾支援

アメリカは2022年2月、バイデン政権となって初の地域戦略として「インド太平洋戦略」を発表した。

この地域は特に中国の圧力の増大などの課題に直面しており、アメリカは同盟国やパートナー国と協力して自由で開かれたインド太平洋の推進や地域の安全保障の強化などに取り組むとしている。

バイデン政権は、中国をアメリカの繁栄、安全保障、民主的価値観に挑戦する「もっとも深刻な競争相手」と位置づけている。台湾に対する武器の売却は、トランプ政権下では11回行われ、バイデン政権でも引き継がれている。

アメリカと台湾の間には同盟関係はない。

台湾関係法だけが両国を繋いでいて、両軍が共同作戦を行うレベルではない。蔡政権で参謀総長を務めた李喜明氏は、「米台間には、共通の指揮・通信体制も作戦計画もない。（台湾有事で）アメリカと台湾が共同作戦を行うことは難しい」と述べている＊12。

平時から軍事情報の交換や共同訓練を行ってその実効性を高めることは不可能である。

アメリカは１９７９年の米中国交正常化によって台湾と断交し米華相互防衛条約を廃止するにあたり、引きつづき台湾との関係を維持するためにカーター政権下で台湾関係法を制定した。

台湾との断交によって東アジアの軍事バランスが急激に変化し、中国の台湾侵攻を誘発する恐れがある。台湾関係法はそれを避けるための牽制措置である。安全保障上特に重要な条文は以下の通りである。

・米中の外交関係樹立は、台湾の将来が平和的手段で決定されるとの期待に基づく

・平和的手段以外で台湾の将来を決める試みは、排斥運動、封鎖を含むいかなるものであれ、西太平洋地域の平和と安全に対する脅威であり、アメリカは重大関心事項とする
・台湾市民の安全、社会、経済に危害を及ぼす武力行使またはほかの強制的手段にも対抗できる能力をアメリカは維持する
・防御的な武器を台湾に供与する

アメリカはこの規定に基づき、台湾海峡の緊張が高まった段階から同地域において海軍を中心に米軍のプレゼンスを強めることになる。

侵攻が開始されればどの程度関与することになるのか。ウクライナでの戦争のように、武器などの装備供与をするのか。軍を投入して直接介入まで踏み込むのか。介入の仕方次第では中国とアメリカの全面衝突になる可能性がある。

アメリカが軍事介入する際は、中国の核戦力がもっとも大きな懸案事項となる。ウクライナ戦争を見ても、ロシアはことあるごとに核使用をちらつかせている。核保有国と戦争を行う場合、核戦争を覚悟するか、あるいは核戦争に拡大しないように抑制的な作戦行動を行うかの選択となる。

アメリカはインド太平洋地域の平和と安定のため、陸・海・空・海兵隊の統合軍であるインド太平洋軍を配置している。

その隷下《れいか》には統合部隊である在韓米軍及び在日米軍などがある。インド太平洋軍は、太平洋陸軍、太平洋艦隊、太平洋海兵隊、太平洋空軍から構成され、総兵力は約13万1000人で、ハワイに司令部を置く。

太平洋艦隊の主力は横須賀を母港とする第7艦隊である。戦時には艦艇60隻程度の巨大な艦隊となる。空母打撃群（艦隊）は、原子力空母「ロナルド・レーガン（艦載機最大90機）」を中心とする戦闘部隊である。

揚陸指揮艦ブルーリッジを旗艦とした1個空母打撃群を中核とした海上戦力が台湾有事の当初の対応戦力となる。

第7艦隊以上に中国側が脅威と感じているのは太平洋空軍の航空戦力だと思われる。現在、指揮下に第5空軍（駐留地・日本）、第7空軍（同・韓国）、第11空軍（同・アラスカ州）があり10個隊の戦闘飛行隊を保有する。戦闘機約250機と空母3隻分の航空戦力を保持する。

沖縄県の米軍基地も中国軍の戦略上重要な第1列島線北端に位置しており、中国海軍の太平洋地域への進出を直接制している。

インド太平洋地域におけるプレゼンス強化の動きとして、アメリカ海軍は分散型海洋戦略（DMO）を推進している。艦載機の運用能力を強化した強襲揚陸艦「アメリカ」や、ドック型揚陸艦「ニューオリンズ」を佐世保に配備した。

空軍は、戦闘機や無人機を用いた迅速な戦闘運用（ACE）を推進する。

陸軍は、人間の認知面を含むすべての領域において同時並行的に作戦を行うマルチドメイン作戦構想を推進する。

海兵隊は海洋強兵の任務を重視した海兵沿岸連隊を創設し、地域に配備するなど機動展開前進基地作戦（EABO）を推進している。

驚異的な進歩を遂げた中国人民解放軍

人民解放軍は、1991年の湾岸戦争における指揮情報システムの活用、精密誘導兵器の使用などを見て、自分たちの軍がアメリカに大きく遅れをとっていると判断し、近代的な指揮システムなど情報化戦争を念頭においた作戦構想の研究に着手した。

２０１２年には「情報化局地戦争論」を軍事ドクトリンとして「一体化統合作戦」構想と「情報システムに基づくシステム体系作戦能力」を掲げ、人民解放軍の大規模な組織改革を行った。

２０１７年には「ネットワーク情報システム体系に基づく統合作戦能力」と「全領域作戦能力」を提唱し統合作戦能力の強化を図った。

現在、人民解放軍では「多領域一体統合作戦」や「智能化条件下の統合作戦」など新たな作戦構想の研究が進められている。戦って勝てる軍隊を創造するという習近平主席の指令によって、毎年巨額の軍事予算を投入して近代化を進めている。

習近平総書記は、前述した２０２２年10月の共産党大会政治報告で、「早期に世界一流の軍隊を築き上げる」として、３期目末と重なる２０２７年の「人民解放軍創設１００年の奮闘目標」について「期限までに達成する」「強大な戦略抑止力システムを構築する」「国防科学技術産業能力を強化する」と明言した。

核戦力を強化する方針を示し、民間の最先端技術を軍の強化につなげる「軍民融合」を続ける考えも示している*13。

具体的には、2027年までに機械化、情報化、インテリジェント化の融合発展を加速させ、軍事理論、組織形態、人員、装備の近代化速度を強化するとしている。

さらに2035年までに「国家の近代化と一致させる形で、軍事理論の近代化、組織形態の近代化、軍事要員の近代化、装備の近代化を全面的に推進し、国防と軍隊の近代化を基本的に実現する」、2049年までに「人民解放軍を世界一流の軍隊へと全面的に築き上げる」としている。

2023年3月5日の第14期全国人民代表大会第1回会議に、前年比7・2パーセント増の1兆5537億元（約30兆5600億円）の国防予算が提出された。中国の国防予算はアメリカに次いで世界第2位、日本の令和5年度予算の約4・5倍、台湾の約12倍である。台湾侵攻を念頭におき、軍拡を続けているのだ。

米中両軍の間でとくに戦力の差があるのが核弾頭の保有数である。2022年現在、アメリカが約3700発の核弾頭を保有するのに対し、中国が約350発と10倍の差がついている*14。

しかし米国防総省は、中国は2027年に700発、2030年には1000発を保有する意図があると指摘している。アメリカは欧州正面のロシアとの核抑止にも臨んでおり、中国の核弾頭の増加は米中の核バランスに大きな影響を与える。

また中国は極超音速兵器の開発や空母・新型巡洋艦・強襲揚陸艦の建造による海上戦力の増強、宇宙・サイバー・電磁波戦能力の向上などを進めている。これら、総合的な戦力が中国側に有利に傾けば、台湾侵攻が現実化する可能性がある。

米陸軍が発表している「中国の戦術」という公刊資料の冒頭には、次のような記述がある。

〈中国人民解放軍は、2000年以上にわたる中国の軍事的伝統を受け継いでいる。中国は世界でもっとも有名な軍事戦略及び哲学の書物を多く所有しており、中でも『孫子の兵法』は中国人民解放軍全体に大きな影響を与えている〉

米軍が、どれほど深く中国軍を研究しているか、この一節を見ただけでも理解できるだろう。

自衛隊の「実力」

一方、中国の侵攻と対峙する可能性がある自衛隊の戦力はどうか。

2022年12月に策定された「防衛力整備計画」では、陸海空自衛隊の戦力を2033年頃を目標として以下のように整備するとしている。

陸上自衛隊は、9個師団・5個旅団・1個機甲師団を基幹に約14万9000人とする。(敵の対空ミサイルの射程外から攻撃する）スタンド・オフ・ミサイル部隊として7個地対艦ミサイル連隊、2個島嶼《とうしょ》防衛用滑空弾大隊、2個長射程誘導弾部隊、8個高射特科群となる。

海上自衛隊は、水上艦艇部隊6個群、潜水艦部隊6個潜水隊、哨戒《しょうかい》機部隊9個航空隊を基幹とし、護衛艦54隻（イージス艦10隻含む)、イージス・システム搭載艦（弾道ミサイル対処専用艦）2隻、哨戒艦12隻、潜水艦22隻、作戦用航空機約170機とする。

航空自衛隊は、戦闘機部隊13個飛行隊、地対空誘導弾部隊4個高射群、宇宙領域専門部隊1個隊を基幹に作戦用航空機約430機（戦闘機約320機を含む）とする。

当然のことながら、こうした体制の整備が完了する前に台湾有事が発生する可能性がある。

台湾有事に出動する自衛隊について、その作戦などを考察する前に、根本的な問題について述べたい。

日本は台湾有事において、好むと好まざるとにかかわらず必ず巻き込まれる。なぜなら、先島諸島は地政学的に台湾からきわめて近く、沖縄の米軍基地が台湾を支援する米軍の作戦基盤となっているからである。

２０１５年に改正・改称された重要影響事態法に基づいて作戦行動中の米軍艦艇等を後方支援し、さらに事態が進めば存立危機事態から武力攻撃事態へと推移し、自衛隊は人民解放軍と直接交戦することになる。

そうなったとき、台湾軍とどのような形で協力し、対処するのか。

アメリカと同様日本は台湾と国交がなく、当然同盟関係にもない。共同作戦を行うことは不可能に近いが、台湾は民主主義や法の支配といった共通の価値観を持つ親日国である。日本は台湾を見捨てることはできないだろう。

一方、台湾の李喜明元参謀総長は、

「(日本は台湾有事で) 枢要な役割を担う。しかし台湾を助けてくれるとは思わない。(介入した米軍を日本が支援する場合) 事前に台湾の防衛戦略を知り準備することが日本の国益になる。日本は台湾との接触を恐れているが、非公式でも防衛当局間の接触を進めるべきだ」

と述べている*15。

「自衛隊は軍隊ですか」――よく聞かれる質問である。憲法解釈を別にして、自衛隊の組織・装備や運用を見れば紛れもなく軍事組織と言える。国際貢献や海外での訓練などの場面では、国際的にも軍隊として認知されている。

しかし実際には自衛隊は行政機関であり、武装公務員の集合体である。

旧陸軍では「国軍の建設、維持、管理、運用等に関する諸制度を軍制とし、一国の軍備は軍制を具体化したものである*16」と規定し、軍隊は軍制が基本であるとしていた。軍制は次の本質に大別される。

一　軍政事項　：国軍の建設、維持、管理に関する事項
二　軍令事項　：国軍の編成、指揮運用に関する事項
三　混成事項　：軍政及び軍令両者の区分不明瞭な事項

四 軍事裁判事項：軍関係犯罪の処理に関する事項

諸外国軍隊にあって自衛隊にないものが軍法であり軍法会議（裁判所）である。戦場という特殊な環境で発生する事案は、平時の法律では裁定できない。そのため軍隊には軍法があり軍法会議が置かれている。一般刑法では、戦闘中に指揮官の命令で発生した誤射事件の場合、状況によって発射した隊員が殺人罪、指揮官が無罪となる可能性がある。軍法では、誤射の責任はあくまで指揮官にあるとされ、指揮官は重罪となる。

こうした点を見ても分かるように、軍事裁判事項の欠落した組織である自衛隊は軍隊ではない。

戦後78年間、幸いにも日本は戦争に巻き込まれることなく平和を享受してきた。自衛隊も防衛任務に従事することなく、「軍法及び軍法会議」という制度がない問題点が顕在化することはなかった。台湾有事が日本に波及し、自衛隊が行動するときに、自衛隊という武力組織の団結・規律・士気を維持できるのか。検討しなければならない法的課題である。

第2部

台湾有事シミュレーション

本章では、中国・台湾・アメリカ・日本の軍事能力など様々な情報を基に分析を行い、もっとも可能性があると思われるシナリオに基づいて中国軍の台湾侵攻及び日本への波及、アメリカの参戦などのシミュレーションを行った。本書で展開しているシナリオは、先に触れた国会議員を対象とした図上演習の成果（日本政府の対応）を反映している。

台湾侵攻完全シミュレーション〈Xデーまで〉

2024年1月に行われた台湾総統選挙に合わせて、中国は台湾周辺地域において大規模な軍事演習を行った。

SNSを活用して民進党の頼正巌候補（仮名）を誹謗《ひぼう》中傷し、世論調査にも関与するなどして、親中国的な国民党候補を勝たせる輿論戦・情報戦を展開した。

しかし結果は民進党の頼候補が僅差で勝利し、第8代中華民国総統に就任した。

対中国強硬派かつ独立志向の強い政権が誕生したことを受けて、中国は台湾に対する戦狼外交（好戦的な発言に基づく外交）を強化した。台湾と国交を持つグアテマラ、バチカン、ハイチ、パラグアイ、エスワティニ、ツバル、セントビンセント及びグレナディーン諸島、セントクリストファーネイビス、ベリーズ、マーシャル、パラオ、ナウル、セントルシアの13ヵ国に対して援助外交を展開し、切り崩しを図った。

台湾は、面積が日本の九州よりやや小さい3万6000平方キロメートル、人口はオーストラリアとほぼ肩を並べる2300万人、GDPは世界第22位（2021年、以下同）、貿易輸出総額は第16位、ICパッケージ産業は第1位の国にもかかわらず、国連未加盟であるがゆえに多くの世界機関に加入していない。

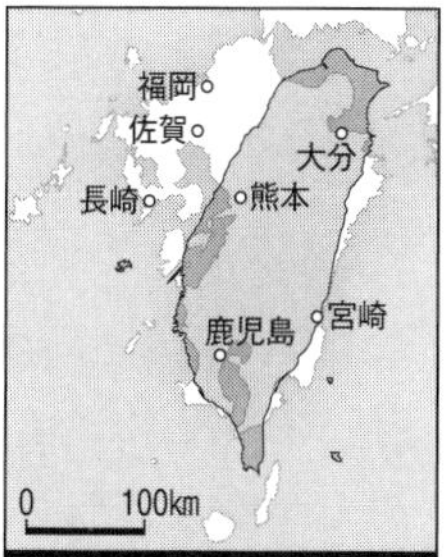

台湾と九州の面積比較

西側諸国を中心として、世界における台湾の重要性から、世界保健機関（WHO）、国際海事機関（IMO）、国際民間航空機関（ICAO）などの国際機関に加盟、あるいはオブザーバーとしての参加を認めようとしているが中国が強く反対している。加えて中央アジア、アフリカ、中南米の国々に対して経済援助や軍事援助し、その見返りに台湾の加盟に反対するよう強く働きかけている。

中国はSNSを通じて「台湾政府は圧政を敷き、市民の自由を奪い、一部の政治家が利権を貪り、富裕層を厚遇している」との偽情報を拡散させていた。世界中に中国は正義、台湾は悪とのイメージを植え付けようと認知戦を展開していたのである。

「自由民主主義」の国・地域が2012年の最大42ヵ国・地域から、34にまで減少(2021年)*17し、権威主義体制の国家が増えたことも中国による認知戦の効果を増幅していた。

中国国内では不動産バブル崩壊の後遺症から抜け出せず、機械部品などの輸出産業で新興国からの追い上げを受けていた。半導体など先進工業産業の競争激化、急成長するアジア各国の追い上げ、それに伴う生産基盤の流出などによって、経済成長が大きく後退していた。

加えて国内の経済格差拡大、環境破壊、急速に進む高齢化、農村地帯の旱魃《かんばつ》、地震や台風災害の多発によって農業生産が大打撃を受け、国民の不満は臨界点を迎えようとしていた。

このままでは国民の不満が共産党政権に向けられ、一党支配の基盤が崩壊しかねない。政府内にも経済政策の失敗を理由に現執行部の失脚を狙う幹部がいる。

習近平は、あらゆる障害を排除して政権基盤を盤石《ばんじゃく》にする必要に迫られていた。

【人民解放軍の状況】

一方、人民解放軍は202X年に目標とする強軍化（機械化、情報化、インテリジェント化）を完成していた。統合作戦能力を高め、「情報戦下の局地戦に勝利できる軍（リアルタイムでネットワーク化された軍による地域戦争に勝利する）」を創造するという目標を達成していた。

陸軍は部隊のコンパクト化・高機動化及び装備の近代化を推進し、兵站《へいたん》能力を高めた。

海軍は3個の空母機動部隊の運用化、潜水艦及び揚陸艦艇の増勢、陸戦隊の近代化を行い、アメリカの第7艦隊をも凌駕《りょうが》する外洋海軍を完成し、着上陸侵攻能力を高めた。

空軍は警戒監視能力を高め、第5世代の戦闘機の開発を進めて能力の近代化、爆撃能力の強化を図り、西太平洋域において米空軍に比肩する能力を獲得した。

ロケット軍は核を搭載する弾道ミサイルに加えて中距離弾道ミサイル及び対艦弾道ミサイルを増勢するとともに、迎撃が困難な極超音速ミサイルの実戦配備を進めた。

これにより対米核抑止能力は格段に向上していた。

戦略支援部隊は、宇宙戦能力、サイバー・電子戦能力を強化し、加えて民間人で構成する数十万人のサイバー空間作戦団を編成して飛躍的に能力を拡大した。

東部戦区は大規模な統合演習を毎年実施して統合作戦能力を高め、隷下部隊の即応態勢を高レベルに維持していた。

東部戦区陸海空軍基地内及び福建省内にある軍管理地域には新たに弾薬・燃料の事前集積場が整備され、各軍の継戦能力は大幅に向上した。

他方面戦区では、特に北部戦区・南部戦区の合成旅団（歩兵部隊や戦車部隊などの混成部隊）、及び統合センター直轄部隊の東部戦区への機動訓練を統合演習に合わせて実施し、戦力集中能力の向上を図った。加えて予備役、海上民兵の動員訓練を実施し、最大動員数を5日間で約40万人まで引き上げた。

連合後方勤務保障部隊司令部は、沿岸地域を航行する船に対し、同司令部の情報系である海上無線を常時傍受させるように命じた。海外航路を航行する船は南シナ海及び第1列島線内に入った段階で同様に傍受させた。

【Xデーマイナス数ヵ月】

　202×年○月○日、台湾の頼総統がオブザーバーとして国連総会への参加を要請し、両岸の平和安定の演説を行うとの声明を出した。さらに、台湾海峡の平和維持のため、米軍主導の多国籍軍の駐留をアメリカに要請した。
　この台湾の動きに中国政府は激しく反発し、台湾周辺で大規模な軍事演習を行って圧力をかけ、国連総会での台湾の演説に断固反対するとの趣旨の発表を行った。

（北京）

　習近平総書記は、台湾の国連演説と多国籍軍駐留の要請は許容の限度を超えていると判断した。習総書記は中国国内における強権的政策によって政敵をもぐら叩きのようにつぶしてきたが、それでも、浜の真砂が尽きないように反習近平派はなくならない。4期目の主席の座に就かなければ習近平自身に身の危険が及ぶことになる。この国では、権力の座にあるか、石もて追われるか、二つにひとつなのだ。
　習総書記は、台湾統一を行って自身の政権基盤を確固たるものにし、歴史に名を残すのはいまだと決心した。

北京市内の統合作戦指揮センターでは、習近平中央軍事委員会主席以下の委員と、人民解放軍の主要幹部が集まり、台湾解放作戦の作戦会議が行われていた。

「それでは説明します」

統合参謀部の作戦部長が口火を切った。

「台湾解放作戦について。敵台湾軍は、陸軍3個軍団10個旅団基幹の総兵力約9万。海軍、戦闘艦20隻。空軍、戦闘機320機をもって抗戦すると判断されます。これに対して我が人民解放軍は、第1次上陸部隊の2個集団軍40個合成旅団及び3個海軍陸戦旅団、第2次上陸部隊の1個集団軍を合わせ総計42万の地上部隊。これに加えて海軍、戦闘艦40隻。空軍、戦闘機1000機をもって解放作戦を行います。

第一段階は台湾国内における法律戦、宣伝戦、情報戦、テロ戦等により台湾市民の反政府意識の高揚及び継戦意識の低下を図ります。次に大規模サイバー攻撃及び電子攻撃による作戦準備電磁打撃を行います。これらは、いわゆる『超限戦』の作戦範囲です。

第二段階は、上陸準備打撃として、敵の戦略目標に対し巡航ミサイル及び戦域ロケット攻撃を行います。引きつづき敵機甲部隊に対する気化爆弾等による航空殲滅《せんめつ》攻撃を行います。

第三段階、これらの戦果の下、北部方面軍として東部戦区第73集団軍の3個海軍陸戦旅団基幹が第一波として桃園市から苗栗市にわたる海岸に上陸し、第二波上陸の合成旅団群をもってさらに南北に進攻させ戦果を拡張させます。

南部方面軍として第72集団軍の合成旅団群を台南市北部海岸に上陸させ、台湾の防衛組織の〝背骨をへし折り〟崩壊させます。なお、作戦にあたっては、都市周辺地域の獲得を優先し、市街地中心部を避けて占領地域の拡大と戦力の損耗回避に努めます。

この際一部の部隊をもって中央方面軍として台中市正面海岸に上陸させ、台北市と台南市を分断します。最後に第2次上陸部隊として第71集団軍を送り込みます」

この間、前面のスクリーンには中国大陸からの戦力投射、台湾海峡を渡り台湾内陸への進撃経路などの作戦図が投影されていた。

説明を受け、習近平主席が重い一言を口にした。

「諸君。いよいよ中華民族の偉大なる復興を実現する時が来た」

○月○日、台湾統一が決定され、隠密裏に侵攻作戦の準備が開始された。

中国政府は「国防法」により戦略物資の備蓄命令を関係国営企業に命じた。戦略物資の中には、リチウム、チタン、バナジウム、クロム、マンガン、タングステンなどの希少金属31種が含まれていた。

経済的な動員準備も開始されたのである。

（ハワイ）
オアフ島キャンプ・スミスにある米インド太平洋軍司令部では、司令官のロバートソン海軍大将（仮名）が情報部長及び統合情報センター士官からの報告を聞いていた。それは極東地域に展開する米軍の情報機関が収集した電波情報・ヒューミント情報や日本の情報本部からの情報であり、いずれも中国軍の特異な活動を示すものであった。

「中国軍の兵站組織が福建省などの港湾地区に建設され、軍需物資が大量に送り込まれているのだな」

司令官は、情報部長のほうにゆっくりと顔を向けた。

中国軍は台湾侵攻基盤を整備するために、弾薬、燃料、食料・飲料水、衛生用品、被服などの物資を集積するための兵站基地を建設し、物資の緊急増産を開始していた。

「輸血用血液、代替血液、抗生物質などの医薬品を軍が緊急調達しているために、民間医療機関に影響が及びはじめています。またＳＮＳ上では、軍が戦争を始めるのではないかとの情報が流れています」

ロバートソン司令官は緊急の4軍司令官会議を招集するとともに、日本の統合幕僚長及び韓国軍の合同参謀本部議長とテレビ会談を開催し、中国軍の動きについて認識の共有を図ることにした。

中国軍は西太平洋地域で、インド太平洋軍の戦力を凌駕する巨大な戦力を保有している。インド太平洋軍としては、中国軍に立ち向かうためには、米軍の他の統合軍からの戦力増強と日韓の協力が必要だった。

（東京）

防衛省では和田誠一防衛大臣（仮名）以下が防衛会議を開催していた。会議では中国軍の活発な活動に対する自衛隊の対応方針が審議され、装備品の稼働率向上、即応態勢の維持、警戒監視態勢の強化が決定された。

和田大臣が各幕僚長に指示した。

「現状では中国軍が台湾に侵攻するとの明白な判断材料はない。しかし、万が一を考えて各自衛隊は警戒態勢等を厳にしてもらいたい」

情報本部通信所及び海空自衛隊の電子情報収集機などが、中国軍の動きについて情報収集と監視活動に全力を傾注することになった。

中国軍の異常な動きに対処するため、2週間に1回の予定で開催されていた安全保障会議4大臣会合はここのところ数日おきに開催されていた。

国家安全保障会議は日本の安全保障に関する重要事項及び重大緊急事態への対処を審議するために内閣におかれた機関であり、議長は内閣総理大臣である。4大臣会合のメンバーは総理、官房長官、外務大臣、防衛大臣。これに官房副長官、安全保障局長、内閣情報官、統合幕僚長が加わり、関係省庁局長、陸海空幕僚長、官邸幹部が陪席する。

日本政府としては、中国軍の動きが大規模な演習なのか、台湾侵攻準備なのか判断しかねていた。

警察庁では在日中国人及び華僑に不穏な活動、いわゆる対日有害活動が行われていないかを、また公安調査庁では破壊活動防止法の調査対象団体等に関する調査活動を強化していた。

【Xデーマイナス数ヵ月〜1ヵ月】

（台湾）

台北市及び近隣都市では、現政権の経済政策や国連復帰など、外交政策に反発した市民グループが大規模デモなどの反政府活動を活発化させていた。加えて過激派が政府機関・銀行・通信インフラなど公共施設に爆発物を仕掛けテロ活動を行い、治安情勢の悪化に拍車をかけた。

野党の一部は、「混乱の原因は総統の国連演説などの外交政策にあり、大陸との融和政策に転換すべきだ」と主張し、市民デモに参加していた。さらに議員の一部は国会議事堂入口にバリケードを築いて実力で国会審議を阻止し、総統の退陣を要求した。

台北市では、混乱を防止するために、21時以降の夜間外出禁止措置が取られるなど、市民生活に大きな影響を及ぼす事態となっている。

○月○日、台北市重慶南路一段の総統府近くで、デモ隊と警官隊が激しく衝突しデモ隊側に多数の死傷者が発生した。

この際、中国から台湾に留学していた中国人学生が巻き込まれて2名が死亡する事案が発生し、中国外交部報道官が台湾当局に強く抗議する声明を出した。台湾政府はデモの首謀者や過激派の一部に中国政府の指示を受けたグループが組織的に関与していると非難した。

こうした反政府運動はあっという間に台湾全土に拡大。一部は先鋭化し、大陸との統一を叫んで軍施設を襲うなどエスカレートしていった。台湾総統府は、このまま過激行動が収まらない場合、戒厳令も辞さないと警告を発した。

台北市、台南市、高雄市などでは警察による反政府組織の摘発が開始され、総計2000人を超える容疑者が検挙された。中国外交部報道官はこの中に中国人留学生や中国国籍の人間が含まれていることを重視し、「きわめて重大な事件で傍観するわけにはいかない。速やかな釈放と人権の保護を要求する。それが行われない場合には断固たる措置を取る」と声明を出した。続けて国防部報道官も「抑圧された台湾同胞を解放する用意がある。これは中国の内政問題であり、他国の介入を断固阻止する」と発表した。

中国のあるマスコミは、「台湾市民の90％以上が大陸との統合を望んでいる」という、台湾市民の世論調査なるものを伝えた。

SNS上には「台湾市民は大陸との統合を望んでいる」「政府はデモ参加者を逮捕し、

強制収容所に収容し殺している」など、明らかに偽情報と思われる記事が溢れた。

台湾政府は「中国による認知戦」であるとし、惑わされることなく冷静さを保つように市民に呼び掛けている。


台湾外交部や国防部など政府機関のホームページが改竄《かいざん》される事案が発生した。その後、外交部・国防部・財政部・経済部をはじめとする政府機関、中央銀行などに集中的にアクセスして機能不全に追い込むDDoS攻撃が行われて決済が一時停止するなどの障害が発生した。


台湾西部の主要都市では発電所や変電所のコンピューターにサイバー攻撃が仕掛けられ、大停電が発生した。都市ガス施設に対して爆破テロが発生し、家庭向けのガス供給に重大な障害が起きた。

台湾政府は、これらの社会インフラへの攻撃は中国政府の扇動によるものであるとし、国際社会に中国の攻撃を止めるように訴えた。

国家反逆罪にあたる事案も多発していた。台湾軍の秘密文書が中国の商社社員に渡される事件や、中国軍侵攻時に降伏する契約の締結などである。２０２２年には、台湾陸軍の大佐が約２５０万円の賄賂を受けとり、「戦時には中国のために力を尽くす」などと書かれた「降伏承諾書」に署名していたことも発覚している。台湾の国家安全部は軍と協力して利敵行為の調査を強化した。

（ロシア）

ロシアとウクライナは数年前に停戦状態になっていたが、ロシア軍は突如、ウクライナ東部地区及びベラルーシ国境付近で大規模な演習を行うとＮＡＴＯ諸国に通告した。東部ウクライナ国境付近には10万以上の部隊が集結しているのが確認されている。

在欧米軍を含むＮＡＴＯ軍は警戒態勢に入った。ウクライナの大統領は激しく反発し、予備役の緊急動員を開始した。

ロシア国防省は、東部軍管区の南樺太、択捉《えとろふ》島及び国後《くなしり》島を中心にクリル諸島防衛を目的とした「ボストーク演習」を行うと発表した。

報道官は西側記者の質問に答え、「第18機関銃砲兵師団（北方領土駐留部隊）に増援する形で行い、各種ミサイル、戦闘機、艦艇を含む兵員約５万人が参加する」と説明した。

（イラン）

イラン外務省は「欧米諸国がこれ以上自由な経済活動を妨害する制裁を継続する場合には、核関連施設の再稼働を行う。また自衛用としての核弾頭の開発を進める」と発表した。

イラン国防省はイラン軍及びイラン革命防衛隊の警戒態勢を最高度に引き上げ、「イスラエルが我が国の研究施設を攻撃した場合には、ホルムズ海峡を封鎖する」と警告した。ホルムズ海峡が封鎖されればタンカーの航行ができなくなり、西側のエネルギー戦略に大打撃を与えることになる。

これを受けイスラエル政府高官は、イランの言う研究施設とは核関連施設で、施設への攻撃の可能性を否定しないと発言し世界に衝撃を与えた。

アメリカ国防総省はイランがホルムズ海峡を含むペルシャ湾一帯で大規模な軍事演習を開始したことを明らかにした。演習にはイランの精鋭部隊である革命防衛隊の小型艦船数十隻が参加しているという。米軍との接触は起きていない。

（中国）

中国国防部報道官が「現在実施中の大規模演習は数ヵ月間続く。けっして他国を攻撃する目的ではなく、あくまでも中国防衛のための演習である」と声明を出した。

福建省の複数の港湾には大規模な兵站施設が開設されていた。一部の港湾では多数の鋼管が集積され、海底パイプライン敷設用の専用船が確認されている。

台湾が領有する金門島は対岸の福建省厦門《アモイ》市からわずか10キロほどの位置にあり、1958年の第二次台湾海峡危機（後述）では大陸から大量の砲弾が降りそそいだ。その対岸の厦門でこの日、港の燃料タンクが爆発する事件が発生した。中国国防部は「台湾の情報機関によるものであり、許しがたい攻撃である」と声明を出した。

翌日、厦門市内で広範囲に停電が発生。これについても中国外交部は「台湾の反動分子による組織的な攻撃であり、この行為の責任はすべて台湾当局にある」と主張した。

東部戦区司令部の報道官は「軍関連施設及び通信・電気施設付近で不審なドローンを発見し、これを撃墜して調査したところ台湾のものであることが判明した。厦門における一連のテロ行為は台湾の分裂主義者によるものであることは明白だ。我が軍は断固たる措置を取る」と強く警告した。

人工衛星で中国を監視している米民間団体が、「新疆《しんきょう》ウイグル自治区にある中国軍演習場で台湾の飛行場や日本の石垣島の飛行場を模した簡易な施設が造られ、その施設を標的とした爆撃訓練が行われていた形跡がある」と発表した。

中国国内に滞在している台湾国籍の商社員や学者が、反間諜法により身柄を拘束される事案が多発していた。

（台湾）

台湾政府は「厦門の事件は中国による自作自演の偽旗《にせはた》作戦である」と主張し、全軍に非常勤務態勢を命じた。アメリカ政府に台湾有事を念頭においた緊急協議を要請、日本政府とも協議を希望すると声明を出した。

台湾海軍基地、主要港湾で無人水上艇が、台北市や台南市の海岸では特殊潜航艇と潜水具が発見された。台湾警察当局は、中国軍による偵察や工作員の潜入の可能性があるとして警備体制の強化と捜査を開始した。

台湾の軍事産業を標的とする大規模なサイバー攻撃があり、重要データ、社員の個人情報などが流出し、一部の生産機械が止まった。

（東京）

各国政府は在台湾の自国民に帰国するよう指示を出し、台湾への新規渡航を禁止した。アメリカ政府は、日本、オーストラリア、韓国政府に各国国民を保護するための共同作戦について協議を求めた。

日本政府は安全保障会議緊急大臣会合を開催。台湾の在留邦人の輸送について議論し、自衛隊に邦人輸送の準備命令を出した。

統合司令官の命令に基づき、航空自衛隊航空総隊は宮古島・石垣島に輸送機を展開した。海上自衛隊自衛艦隊は輸送艦2隻を石垣島に、陸上自衛隊陸上総隊は中央即応連隊及び西部方面航空隊のヘリ部隊を与那国島にそれぞれ派遣した。

（ハワイ）

台湾の混乱事態収拾と中国の介入阻止のため、アメリカ政府は国連安保理の緊急会合開催を求めた。同時にホワイトハウスの報道官は会見で「台湾関係法により、中国の武力侵攻が発生した場合には軍事力行使も辞さない」と主張した。これには明らかに大統領の決意が反映されていた。

アメリカ海軍は2個空母打撃群をインド洋に展開させていたが、1個群を急遽、太平洋地域に向かわせた。

インド太平洋軍司令部報道官は記者会見で、「福建省港湾に確認されている多数のレイバージ（敷設専用船）は大陸側から台湾側への海底パイプライン敷設の準備だ」と指摘した。海底パイプラインは1日あたり約3キロから5キロの進度で敷設することが可能で、台湾海峡140キロを敷設完了するのに1ヵ月程度を要する。大陸から台湾への海底パイプラインは3本だと見積もられた。

インド太平洋軍司令部では司令官以下多数の幹部が参加し作戦会議を行った。

「いま台湾侵攻作戦が開始されたとして、1ヵ月でパイプラインで燃料を送ることが可能になるわけだな」とロバートソン司令官が兵站部長に確認した。

「はい。なお、飲料水は上陸後、台湾本島で確保可能です。食料及び弾薬は海上輸送に限られ、そこが弱点であることに変化はありません」

作戦部長が補足した。

「台湾海峡は水深が浅く、海底は砂で、潜水艦の行動には厳しい条件です。したがって主として空対艦ミサイルや地対艦ミサイルにより補給船を攻撃することになります」

「地対艦ミサイルなど陸上から攻撃できる兵器を早急に台湾に供与する必要がある。国防総省に要望してもらいたい」

作戦会議では、サンディエゴの第3艦隊の1個空母打撃群をハワイまで進めることが決定された。

（中国）

中国政府は、人民解放軍に最高度の警戒監視態勢を取らせるとともに、不測の事態に備え東部戦区及び南部戦区に部隊を増援すると発表した。このため両戦区以外の戦区から隷下の合成旅団の派遣を命じた。同じく、人民解放軍予備役部隊に予備役の緊急招集及び2ヵ月以内に80個合成旅団の編成を行うよう命じた。

南京市の東部戦区司令部では司令員の林暁春上将（仮名）が参謀長に準備状況を確認し

ていた。

「貨物船を除き、作戦準備はおおむね予定のとおりです」

「貨物船の徴用は、連合後方勤務保障部隊がまもなく開始する。そうなれば我々の侵攻意図が明白になるな」

○月○日までに、東部戦区に隷下部隊を含めて50個合成旅団、南部戦区に同じく30個合成旅団が集結した。

連合後方勤務保障部隊によって1000トン以上の貨物船・客船が徴用された。船は福建省等の各港湾に集められ、その数は大小1000隻を超えた。

（アメリカ）

アメリカ政府は米軍の防衛態勢を平時のデフコン5からデフコン3に引き上げた。さらに中国政府に対して「台湾海峡の緊張を高める動きに断固反対する。アメリカは台湾を防衛する義務がある」と牽制した。

インド太平洋軍は、アラスカ州エルメンドルフ空軍基地の第11空軍の2個戦闘飛行隊を嘉手納《かでな》基地に移動させた。

【Xデーマイナス10日〜7日】

（台湾）

反政府活動は全土に広がっていた。台湾当局の厳しい取り締まりにもかかわらず、過激派による公共機関へのゲリラ攻撃が続いていた。

数日以内に中国軍の侵攻作戦が開始される可能性があるとして、台湾軍は全軍に非常警戒態勢を命じた。沿岸部では防御陣地の構築と機雷の敷設などが行われ、予備役に動員令が出された。

台湾海軍は、駆逐艦及びフリゲート艦を南北海域の領海線付近に配置した。馬祖島、金門島、東引島守備隊には戦闘命令が下令された。

台北市、台中市、台南市、高雄市などでは国外に逃れようとする市民が飛行場や港に殺到しパニック状態となっていた。市民の一部は漁船や小型船舶などを奪い、日本やフィリピンに向けて出港しようとして漁民などと衝突する事件が多発した。

（東京）

日本政府は台湾を危険度レベル4へ引き上げて、渡航中止及び在留邦人2万345人*18に退避勧告を行った。外務省は台湾政府と在留邦人の避難について協議を行い、防衛省に対して邦人輸送を要請した。

海上自衛隊は輸送艦2隻を台湾本島東部の花蓮市沖合に停泊させて邦人輸送の準備を開始した。

米豪海軍の輸送艦、病院船も花蓮市沖合に停泊し自国民の退避に向けた準備を行っている。

（中国）

中国国防部報道官は「台湾の治安情勢が極度に悪化しており、外国の干渉を防ぐために、明日0900《まるきゅうまるまる》（午前9時）から台湾周辺海域を海上封鎖する。台湾領空への航空機の進入を禁止する」と一方的に発表した。これに伴い、中国海軍艦艇が台湾海峡の南北海域に配置されて封鎖態勢に入っていた。

ただし台湾の東側である太平洋海域への艦艇派遣は行われていない。中国軍は、台湾本島から脱出する外国人が搭乗した民間機については、その飛行を妨害する動きを行っていない。

（朝鮮半島・38度線）


北朝鮮は、米韓合同演習への対抗措置としてミサイル発射実験を繰り返し行っていた。数日前には弾道ミサイルの発射実験を敢行し、日本列島の上空を通過して太平洋上に落下させた。北朝鮮外務省は、国営放送で「大規模な軍事演習の一環」と説明した。

在韓米軍及び韓国軍は警戒レベルを上げ、半島には緊張感がみなぎっていた。

38度線、軍事境界線東部戦線を担任する韓国陸軍第1野戦軍司令部（江原道原州市）に、軍事境界線の警備を担任する第2師団から緊急報告が入った。北朝鮮前方軍団の動きが活発化しており、非武装地帯に北朝鮮軍の多数の斥候《せっこう》が入っているという。

「3軍を動員した大規模演習と、アメリカを威嚇する弾道ミサイル発射実験……前方軍団の活発な活動。北が冒険を考えているなら大変なことになる」

第1軍団長の言葉に参謀が静かにうなずいた。


（アメリカ）

米軍は防衛態勢を高度態勢のデフコン3から最高度に準じるデフコン2に引き上げた。

インド太平洋軍は、インド洋から南シナ海に向かっていた第7艦隊のニミッツ空母打撃群に台湾海峡付近への進出を命じた。ハワイのロナルド・レーガン空母打撃群を横須賀に、セオドア・ルーズベルト空母打撃群をグアムに向かわせた。

太平洋艦隊は、西太平洋に3個空母打撃群が作戦展開する態勢を取った。核ミサイルを搭載した戦略原潜を太平洋に集中展開させ、核攻撃に対する反撃態勢を敷いた。太平洋空軍も戦闘飛行隊を嘉手納、横田、グアムに展開させ即応態勢を取った。太平洋陸軍はワシントン州フォートルイスの第1軍団に日本への展開準備命令を出した。

アメリカ政府は国連に対し、台湾海峡の平和維持に関する緊急の安全保障理事会の開催を要請した。

（東京）

和田防衛大臣は自衛隊に在外邦人輸送命令を発出した。

花蓮市沖合に停泊していた海上自衛隊の輸送艦から、大型輸送ヘリが花蓮市郊外の外国人専用臨時ヘリポートへと飛行し、邦人輸送を開始した。近くの米海軍、豪海軍も同じく自国民の救出作戦を開始していた。

外務省は、中国国内の在留邦人約10万8000人の安全を確保し帰国に対する便宜を図って、安全な帰国を保障するよう中国外交部に要請した。


（中国）


中国軍東部戦区では、大規模な海軍演習が開始された。多数の艦艇や民間貨物船が海軍基地、主要港に停泊し、その周辺地域には陸軍の部隊が集結した。米軍情報関係者によれば、東部戦区に集結している演習参加部隊の兵力は30万人を超えているとのことである。

林東部戦区司令員は隷下部隊兵士に向けて、「祖国防衛の信念を貫け。諸君は歴史的偉業を達成し、その名が歴史に刻まれるだろう」と訓示した。

中国国内ではＳＮＳへのアクセスが遮断された。

そのころ、欧米の偵察衛星が大規模な中国軍の動きを察知していた。貨物船に物資を載せる動きが活発化し、海軍陸戦旅団と、陸軍の一部の部隊が艦船への乗艦を開始していた。福建省とその周辺地域の空軍基地、飛行場には多数の輸送機、輸送ヘリコプターが集結、空軍空挺兵旅団や空中突撃旅団がその周囲に集まっていた。

海南島の海軍基地から晋級ミサイル原潜4隻が出航したのが確認された。

【Xデーマイナス4日】

（台湾）

政府要人や軍の高官を狙った暗殺事件が多発しはじめていた。頼総統の公用車に爆弾が仕掛けられたが、総統は危うく一命をとりとめた。

一連の要人暗殺テロにより、国防部次官や軍高官、与党議員などが死亡したり、重傷を負わされたりした。警察当局は、中国軍特殊部隊による斬首作戦であるとして要人警護の態勢を強化した。

台湾から脱出しようとする市民はますます増加した。

道路は大渋滞となり混乱は台湾全土に拡大した。中国軍が台湾領空飛行禁止を宣言したことで、民間航空会社の定期便は軒並み運休となった。

再開を待つ市民でごったがえしていた台湾桃園国際空港や、台北松山空港のターミナルビル、台北駅・西門駅・北門駅・中山駅・善導寺駅の駅舎が何者かによって爆破され、多くの市民が死傷した。この一連の破壊活動で台北市の市内交通システムＭＲＴが麻痺し、市民生活はさらに混乱した。

総統府は台北市、台中市、台南市、高雄市、基隆市などに非常事態を宣言し、戒厳令を敷いた。

（ハワイ）

中国軍の台湾侵攻が間もなく開始される――。インド太平洋軍は全軍に待機命令を出した。

ニミッツ空母打撃群は南シナ海を北に航行中で、ロナルド・レーガン空母打撃群は台湾海峡北部の東シナ海に、セオドア・ルーズベルト空母打撃群は石垣島南西海域付近に展開している。

ネブラスカ州オファット空軍基地の戦略軍司令部は、隷下の地球規模攻撃統合部隊（ＪＦＣＣ―ＧＳＩ）と統合ミサイル防衛部隊（ＪＦＣＣ―ＩＭＤ）に対し、核ミサイルを迎撃し弾道ミサイルによって反撃する態勢をとるよう命じた。

（中国）

ロケット軍司令部は戦略核ミサイル部隊の警戒レベルを最高度に上げ、計画に基づき移動式ミサイル発射機を森林地帯に機動展開させた。さらに衛星攻撃ミサイル部隊に発射態勢に入るよう命令した。

【Xデーマイナス3日】

（台湾）

台北市内の空は黒煙に覆われていた。未明から行われた中国軍の弾道ミサイルや巡航ミサイルなど精密誘導兵器の攻撃によるものである。攻撃目標は台北市の総統府・国防部・外交部・内政部・経済部・交通部・海軍司令部・空軍司令部・憲兵司令部・海巡署（海上警察）及び桃園市の各政府庁舎や軍事施設に加えて、電気・ガス・通信施設などの重要インフラに及んだ。

台湾軍の通信組織には大規模な電子戦攻撃が仕掛けられ、大きな効果を発揮していた。中央から末端まで台湾軍のあらゆる部隊の指揮通信網が麻痺した。

中国軍は、偵察衛星や多数のドローンによって台湾軍の部隊、弾薬庫・燃料集積所などの場所を正確に把握し、ピンポイントで攻撃し確実に破壊していった。台湾空軍のバンカー（掩体壕《えんたいごう》）には、米軍のバンカーバスターと同種の地中貫通型ミサイルを使用した攻撃が行われ、バンカー内に収容されていた多くの戦闘機が破壊された。固定レーダーの防空レーダー施設はそのすべてが巡航ミサイルの攻撃によって破壊され、台湾空軍の防空警戒網は甚大な損害を受けた。

海軍基地も標的となった。基地内に停泊していた艦艇は対艦ミサイルによって沈没、大破した。

陸軍の地上発射型対艦ミサイル基地にも巡航ミサイルが飛来し、多数の発射装置が破壊された。

台北市、台中市、台南市の沖合に設置されている機雷網は中国軍の無人水上艇と無人潜水艇によって安全化された。

変電所への攻撃により市内で大停電が発生。港湾近くのガスタンクが爆発炎上しガスの供給がストップした。電話会社のサーバー施設が破壊され、固定・携帯電話が使用できなくなった。

地方都市では、発電施設や燃料施設が自爆ドローンによって集中的な攻撃を受けていた。

各都市で空襲警報のサイレンが鳴り響き、脱出しようとする市民の自動車が道路上に溢れて大渋滞を引き起こした。

港では多数の市民が貨物船や漁船に乗り込み、日本やフィリピンなどを目指して出港した。

台湾東部の花蓮市沖合では、各国海軍がヘリによるピストン空輸を行い、自国民を脱出させた。

台湾総統府は、政府機能の一部を花蓮市に移設すると発表した。

台湾陸軍参謀本部は、花蓮市に所在する第2作戦区の花東防衛部隊司令部を祖国防衛司令部に格上げした。

台北市、台中市、台南市の海岸線に埋設されている対戦車地雷などの対着上陸障害を広域処理するために中国軍が燃料気化爆弾を使用した。この爆弾は、一次爆発で液体燃料をガス化し拡散させ、二次爆発で広範囲に衝撃波と高熱を発生させる。その効果は障害処理にとどまらず、海岸部の住宅や台湾軍防御施設を焼き尽くしていた。

ＳＮＳ上には「台湾政府の政策では、市民の被害が増加していく一方で、中国に降伏するべきだ」「台湾政府・軍は市民を盾にして、自分たちだけ助かろうとしている」など、政府批判が溢れていた。

中国の新華社通信は、台湾市民向けの放送を開始した。「人民解放軍は台湾同胞を解放するために作戦している。この責任は台湾の分裂主義者が取らなければならない」と繰り返し主張した。

（アメリカ）

ホワイトハウス報道官は「中国の攻撃は国連憲章違反であり、ただちに攻撃を停止するように求める」との声明を発表した。

（ハワイ）

インド太平洋軍司令部では作戦会議が連日行われていた。

「数日以内に中国軍が台湾に侵攻する。ホワイトハウス及び国防総省からの命令は出ないのか」

　ロバートソン司令官の質問に、作戦部長が応じる。

「中国軍機や艦艇との直接交戦はしないようにとの命令に変更はなく、現在の台湾東部の太平洋地域及び台湾海峡の北部・南部海域の航行の自由確保命令が維持されたままです」

「日本の出方はどうだ」

「重要影響事態の認定を視野に、我が軍に対する支援を行う準備をしています」

「海兵隊の展開はどうなっている」

「現在、沖縄の海兵沿岸連隊を石垣島に輸送準備中です。輸送後、陸上自衛隊の駐屯地に配置します。またこれに加えて第1及び第2海兵遠征旅団を沖縄に輸送する予定です」

　カリフォルニア州の第1海兵遠征軍、及びノースカロライナ州の第2海兵遠征軍は、隷下に各1個海兵遠征旅団を常設しており、兵員数はそれぞれ約1万5000人である。沖縄の第3海兵遠征軍は旅団規模を持たず、沿岸海兵連隊（MLR）2個を常設し、うち1個連隊をグアムに置いている。沿岸海兵連隊は歩兵大隊及び長射程対艦ミサイル部隊、高機動ロケット砲システム部隊から編成されている。

「北朝鮮に不穏な動きがあり、在韓米軍の陸軍、空軍は動かせない。イランやロシアの動向を見ても在欧米軍や中央軍からも大きな戦力は抜けない」

　ロバートソン司令官は苦悩していた。

【Xデーマイナス2日〜1日】

（台湾）


前日の精密誘導兵器、自爆ドローン攻撃に続いて、この日は早朝から中国空軍爆撃機による大規模な航空攻撃が行われた。

　攻撃の重点目標となるのは、台湾空軍基地の残存航空機・防空部隊及び陸軍の集結部隊や沿岸部防御施設などである。沿岸部後方地域に集結していた台湾陸軍の機甲部隊には燃料気化爆弾が投下されて、部隊は壊滅状態に陥った。

　夜間に入り、台北市・台中市・台南市正面海岸では中国軍の掃海部隊によって残存機雷の掃海作業が隠密裡に続けられた。

　中華電信とシンガポールのシンガポール・テレコムが共同運用しているST通信衛星など、台湾の使用している通信衛星にサイバー攻撃が行われ、数基の通信衛星が衛星攻撃ミサイルによって破壊された。これにより台湾の衛星通信は大打撃を受けた。

（中国）

政府機関・民間のインフラ施設に対するサイバー攻撃、それに続くミサイル・自爆ドローン攻撃、航空攻撃など、一連の上陸前準備打撃が終了。東部戦区第73集団軍3個海軍陸戦旅団を先陣に機械化合成旅団からなる一次侵攻部隊約16万の乗艦船する揚陸艦船が次々に発進した。

揚陸艦船群は、統制海域（艦隊の集合場所としてあらかじめ指定された海域）で侵攻地域別に艦隊を組み、台湾各地の目標海岸に向かった。各基地や飛行場では、空挺兵旅団や空中突撃旅団、輸送部隊が発進態勢に入った。

厦門対岸の東引島、馬祖島、金門島に巡航ミサイルによる攻撃など激しい砲撃を加え、中国海軍陸戦隊、陸軍特殊部隊が上陸し3島を短時間で制圧した。

台湾海峡の澎湖《ほうこ》諸島にも巡航ミサイルによる攻撃、航空攻撃を行い、防衛部隊に大損害を与えた。

中国国防部は「現在の台湾の混乱は台湾自ら収拾することが不可能で、台湾市民を守るために必要最小限の特別軍事作戦を行う」と発表した。

「台湾の混乱収拾のための行動は内政問題であり、他国の干渉を断固拒否する」
続けて中国外交部が発表した声明は、台湾問題をあくまで「内政問題」とする主張を変えないことを表していた。

（台湾）

台湾政府は、中国が武力侵攻を開始したとして国際社会に支援を要請する悲鳴にも似た声明を発表し、米軍の直接介入を強く求めた。頼総統は全市民に「中国の侵略に対して、軍は最後まで戦う。市民はパニックにならずに防空壕などに退避してもらいたい」と呼びかけた。

（アメリカ）

台湾の呼びかけを受け、アメリカが動いた。
アメリカ政府は「台湾への武力侵攻は国際社会の平和と安定を脅かすもので、断じて許されない」と声明を発表した。日本政府に対し、東シナ海で活動する米海軍艦船への給油などの後方支援を要請した。

インド太平洋軍司令部は、隷下の4軍に対し、「中国軍の攻撃を受けた場合には、ただちに反撃せよ」と命令した。

（東京）

日本政府は安全保障会議を開催し、情勢分析及び事態対処の方向性を審議した。この結果、米軍の後方支援に関して重要影響事態の認定を行い、自衛隊にその任務にあたらせることにした。

防衛省では緊急の防衛会議が開催され、防衛政策局長による事態認定の説明が行われた。

「重要影響事態に認定したが、すぐに存立危機事態、武力攻撃事態になるとの予想だな」

と和田防衛大臣が確認した。

「そうです。中国側から見れば、米艦のそばにいる海自艦は共同で作戦行動を行っている敵艦です。万が一、米軍が攻撃されれば存立危機事態へ、同時に海自が攻撃されると武力攻撃事態です」

「中国側には、我が国の法体系は理解できないよ」と防衛副大臣が言った。

「日米の作戦調整は大丈夫か」
統合幕僚長が補足した。
「中央指揮所内に、統合副司令官とインド太平洋軍副司令官を長にした日米共同運用調整所を設置し、すでに作戦調整を開始しています」

【Xデー：上陸日】

中国海軍掃海艦艇の後方を航行する揚陸艦や輸送艦などに向け、丘陵地帯や山地・森林地域に巧妙に隠掩蔽《いんえんぺい》された陣地から台湾軍の対艦ミサイル〝雄風Ⅱ型〟が多数発射されたが、艦隊防空システムを搭載した中国版イージス艦によりその多くが撃墜された。それでも数発が防空網をかいくぐって護衛のフリゲート艦とミサイル駆逐艦に命中し、これらの艦は大破した。

次いで、トンネル型バンカーなどに隠されて温存していた台湾空軍の戦闘機が発進し、スタンド・オフ（射程外遠距離）攻撃で空対艦ミサイルを発射したが、中国軍の艦隊防空システムにより迎撃され、その防空網を破ることはできなかった。

前日、数隻の中国海軍掃海艇が機雷掃海作業中に触雷し沈没したが、おおむね上陸正面の掃海作業は完了しており、予定通り第一波の部隊が台北市・台中市・台南市正面の海岸に上陸を開始した。

第一波で上陸した海軍陸戦旅団の多数の大隊戦闘群で海岸堡《ほ》を確保させたのち、第二波の機械化合成旅団などの重戦力を上陸させ空港・港湾などを確保する。第三波以降の部隊は確保した空港・港湾を利用して揚陸させる計画である。

上陸海岸では、残存している防御部隊の台湾軍と上陸部隊の中国軍との間で激しい地上戦闘が開始された。

上陸地域近傍の市街は、爆撃・砲撃により炎上し激しい炎を噴き上げ、その黒い煙が空を覆った。海岸では破壊された戦車や装甲車が燃え上がり、焼け焦げた兵士の死体が散乱してさながら地獄絵図の様相を呈していた。

台北市東部の平野部には中国軍空挺兵旅団が降下し、台湾軍の首都守備隊と激しい戦闘に突入していた。空挺兵旅団は空挺戦車や歩兵戦闘車を装備しており、台湾軍はじりじりと市街地へ圧迫されていた。中国軍空中突撃旅団は桃園空港にヘリコプター部隊による「ヘリボン攻撃」を行った。台湾軍の空港警備隊と市街戦を繰り広げ、管制塔や格納施設、周辺市街地域を占領した――。

以上が中国軍の台湾侵攻シミュレーションの一部である。この先の展開は第4部で詳述する。

台湾有事は日本にどう波及するか

台湾有事は日本にどのような形で波及するのだろうか。

台湾と与那国島の海峡は約110キロしかなく、日本と台湾の位置関係はきわめて近い。東シナ海側から太平洋に出るためには、この海峡を含め、日本の南西諸島周辺を通過する必要がある。中国の軍事戦略上重要な第1列島線である（2ページ地図参照）。

さらに在日米軍基地は米軍の台湾支援の作戦基盤となっている。米軍が作戦行動を開始すれば、事態の推移により集団的自衛権を行使することになり、さらに事態が悪化すれば武力攻撃事態に発展していく。

日本への波及は次の3つのシナリオが想定される。

1・日本へ直接波及
2・米軍の行動に関連して波及
3・台湾の行動により波及

まず日本への直接波及である。

台湾侵攻の支作戦として考えられるのが、第1列島線に近づく日米艦隊の接近を阻止し中国海軍の太平洋への進出航路の安全確保を目的とした拠点確保である。

この場合は治安出動から武力攻撃事態が認定され、自衛隊が行動することが予想される。

日本への直接波及（侵攻）はハイブリッド戦から開始されると予想される。

ハイブリッド戦とは、2014年に発生したウクライナ東部紛争でロシア軍が行った作戦である。〈破壊工作、情報操作など多様な非軍事手段や秘密裏に用いられる軍事手段を組み合わせ、外形上「武力攻撃」と明確には認定し難い方法で侵害行為を行うこと〉と防衛白書では解説している。

中国軍が、戦略上の要点である石垣島に侵攻することを想定すると、以下のような事態の進展が予想される。

第一段階は、日本本土及び沖縄本島から石垣島を分離することである。海底ケーブルの切断や大規模なサイバー攻撃を行い、同島と外部とのあらゆる通信やデータ送受信を遮断する。さらにサイバー攻撃によって新石垣空港の管制装置がダウンする。次いで作戦開始前に潜入した工作員によって石垣発電所を送電不能とし全島停電に陥らせる。

第二段階は、石垣島沖数十キロに遊弋《ゆうよく》するタンカーや貨物船からの電子戦攻撃である。警察や海上保安庁の使用する無線、一般の携帯電話に障害を発生させ通話できない状態とする。唯一警察用携帯電話のメール機能だけを残し、そこに偽メールを送信して警察官を誘《おび》き寄せる。警察官が集まったところで、仕掛けておいた爆弾を爆発させるのである。

第三段階は、偽装した民間航空機を新石垣空港に着陸させ、武装勢力「琉球独立団」などと偽って日本語の堪能な特殊部隊を送り込む（クリミア併合時のリトル・グリーン・メンに相当）。彼らが潜入工作員などと協力して、短期間に石垣市を占拠しその勢力下に置く。次に海上の貨物船に待機していた武装集団主力が装甲車両などとともに上陸し、陸上自衛隊を武装解除し侵攻基盤を確立する。

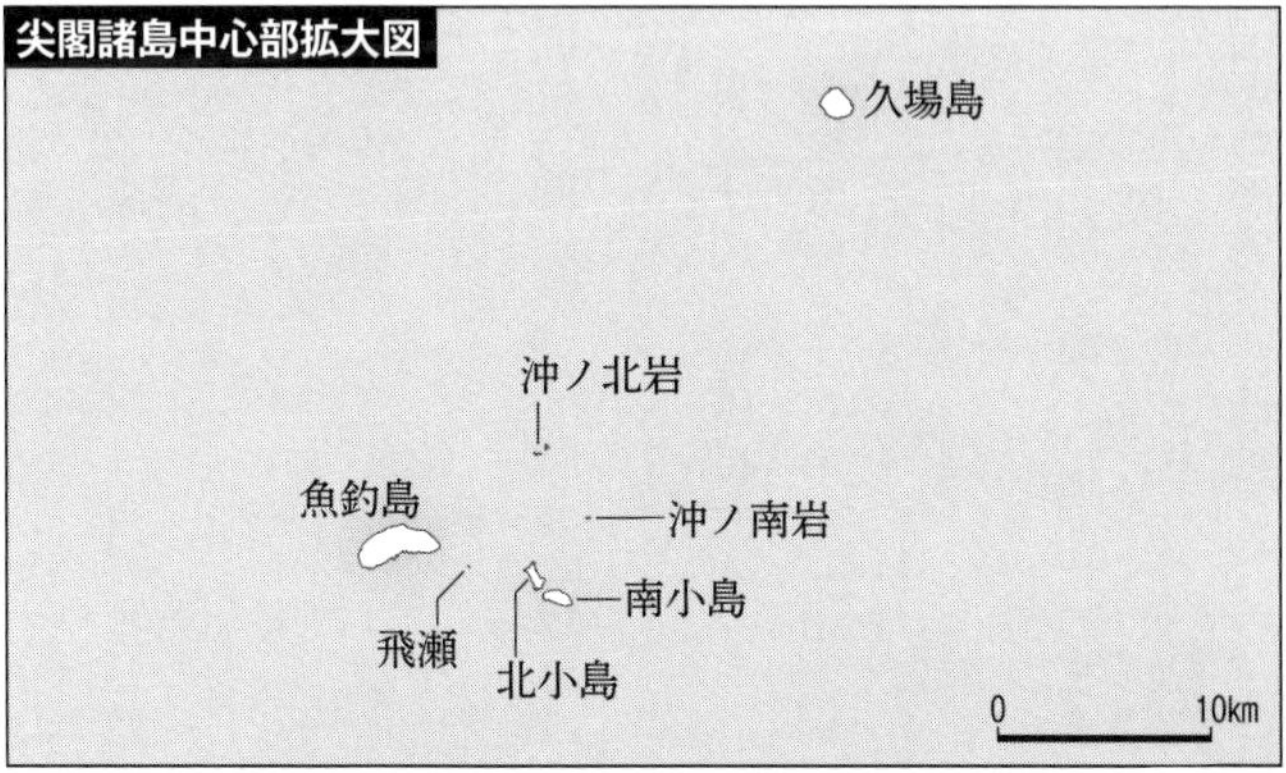

尖閣諸島中心部拡大図

台湾と沖縄（先島諸島）の位置関係

この一連の作戦行動は外形上どこの国による武力行使か確認することができない。サイバー攻撃も電子戦も見えない敵からの攻撃だからだ。

時間の経過とともに既成事実を積み上げていき、平和維持の名のもとに中国軍が進駐し、最終的には、中国政府が石垣島の独立を保障するということになるだろう。自動参戦の軍事同盟であるNATOと違い、日米安保条約はアメリカ政府の意思決定と連邦議会の承認が必要である。日米安保発動と米軍来援まではかなりの時間がかかる。そのため当面は自衛隊単独で戦わなければならない。

東シナ海海空戦に突入

次に想定されるのは、台湾周辺地域での米軍の軍事行動が結果として日本へ波及する場合である。二つのパターンが考えられる。一つは重要影響事態、もう一つは存立危機事態である。

重要影響事態とは、そのまま放置すれば我が国に対する直接の武力攻撃に至るおそれのある事態等、我が国の平和及び安全に重要な影響を与える事態のことである。対処する外国軍の後方支援活動を行い、連携を強化することが想定されている*19。

支援の対象となるのは「日米安保条約の目的の達成に寄与する活動を行う米軍」、「国連憲章の目的の達成に寄与する活動を行う外国の軍隊」及び「その他これに類する組織」で、国連軍等が想定されている。

インド太平洋軍は台湾海峡の危機に対して、第７艦隊の艦艇や空軍の偵察機を派遣することになるだろう。

横須賀の在日米海軍基地の駆逐艦や巡洋艦が東シナ海に進出し、搭載哨戒ヘリが警戒監視活動に従事していたとする。その哨戒ヘリが中国軍艦艇や航空機との偶発的な事件により撃墜・不時着した場合、米海軍は自衛隊に捜索救助を要請する。また、燃料などの補給支援も要請される。

この場合政府は重要影響事態の認定を行い、自衛隊に捜索救助活動及び後方支援活動を命ずることになる。

日本は直接的には中国軍と交戦していないが、後方支援活動としてこの段階で台湾有事に巻き込まれている。

重要影響事態で後方支援活動中に事態がエスカレートし、中国軍が米海軍艦艇や航空機を攻撃した場合には、存立危機事態が認定される。自衛隊は米海軍艦艇を守るために武力行使することになり、米軍とともに中国軍と直接戦闘する。

存立危機事態は集団的自衛権の行使であり、「我が国と密接な関係にある他国に対する武力攻撃が発生し、これにより我が国の存立が脅かされ、国民の生命、自由及び幸福追求の権利が根底から覆される明白な危険がある事態」と定義付けられている。

2014年7月の閣議決定により、存立危機事態が認定され集団的自衛権を行使する以下の3要件が示された。

①我が国に対する武力攻撃が発生したこと。又は我が国と密接な関係にある他国に対する武力攻撃が発生し、これにより我が国の存立が脅かされ、国民の生命、自由及び幸福追求の権利が根底から覆される明白な危険があること
②これを排除し、我が国の存立を全うし、国民を守るために他に適当な手段がないこと
③必要最小限度の実力行使にとどまるべきこと

政府が示した8事例の中に「武力攻撃を受けている米艦防護」がある。

1・邦人輸送中の米輸送艦の防護
2・武力攻撃を受けている米艦防護

3・周辺事態における強制的な船舶検査
4・アメリカに向け日本上空を横切る弾道ミサイル攻撃
5・弾道ミサイル発射警戒時の米艦防護
6・アメリカ本土が武力攻撃を受け、日本周辺で作戦を行う米艦防護
7・国際的な機雷掃海活動への参加
8・民間船舶の国際共同護衛

最後に、台湾の行動によって波及する場合を見てみよう。

台湾軍が中国軍と海空で戦火を交え、残存艦艇及び航空機が我が国へ避難してきた場合には、そのときの日本政府の対応如何によっては直接日本が攻撃される可能性がある。

台湾が中国軍の侵攻を食い止めるには、アメリカの参戦が不可欠である。1958年8月から10月の金門島砲撃事件では、アメリカは後方支援のみで直接軍事力を行使しなかった。この当時は、中国軍に比較してまだ中華民国軍（台湾軍）のほうが軍事的優位にあった。しかし現在軍事的優位は逆転し、圧倒的に中国軍優位となっている。

台湾としては、どうしてもアメリカを参戦させる必要がある。そのため最大限の努力を

払うだろう。そのひとつの手段として、台湾が、残存する海空戦力を日本の南西諸島に避難させることも考えられる。日本を巻き込み、日米安保条約を発動させることで、アメリカを軍事的に参戦させることができる。

日本は「中立国」なのか

中国の台湾侵攻は国対国の戦争であるとの立場に立つのなら、日本政府は戦時国際法により中立国の義務を果たすことになる。戦時国際法とは交戦当事国とそれ以外の第三国との関係を定める国際法である。中立国は戦争に参加してはならず、また交戦当事国のいずれにも援助してはならず、平等に接する義務を負う。

義務とは次の3項である。

回避義務：中立国は直接、間接を問わず交戦当事国に援助は行わない
防止義務：中立国は自国の領域を交戦当事国に利用させない
黙認義務：中立国は交戦当事国が行う戦争遂行過程において不利益を被っても黙認する

第二次世界大戦時、永世中立国のスイスは自国領空を侵犯した航空機は連合軍、枢軸軍を問わず撃墜した。日本が台湾の艦船や航空機を攻撃することは考えられず、領空侵犯があっても最寄りの飛行場に強制着陸させることになるであろう。艦船についても、人道的な措置として寄港拒否はしない。

中国は、一つの中国の原則のもと、日本に逃避した艦艇や航空機は自国の国有財産であるとして返還要求すると予想される。日本政府が中国の要求を呑み、返還することは考えられない。そんなことをすればアメリカはもとより多くの諸国の強い反発を招くことになる。

日本政府が返還を拒否すれば、中国は「台湾問題は内政問題である。日本の対応は中立国の義務ではなく、中国艦艇の拿捕《だほ》及び航空機の占有である」として激しく反発するだろう。

対抗措置として、尖閣諸島の確保を目指して部隊を派遣するか、日本へ避難した艦船・航空機を精密誘導兵器によって攻撃する可能性がある。

この場合、日本政府は武力攻撃事態に認定して自衛隊に防衛出動を命じ、自衛隊は直接中国軍と交戦することになる。

インド太平洋軍は、アメリカ政府の軍事介入の意思決定が迅速に行われることを前提にして台湾有事の全般作戦計画を立案し、日本との共同作戦計画を策定する。そして、台湾との共同作戦計画を策定するか、できなければ台湾軍の防衛構想を承知する必要がある。

インド太平洋軍の作戦目的は、中国の台湾占領意図を粉砕し、核戦争への拡大を抑止することである。在日米軍基地は重要な作戦基盤であり、日本の自衛隊の協力は作戦上、必要不可欠の要素となる。

第3部　シミュレーション解説

中国はウクライナ戦争から何を学んだか

中国軍にとって、ロシアのウクライナ侵攻作戦（特別軍事作戦）は近代戦を目の当たりにできる絶好の機会であり、作戦、編制・装備、軍事科学技術上の教訓の宝庫と見ているはずだ。その教訓を来るべき台湾侵攻作戦に反映し、近代戦に勝利しようと情報収集に努めているだろう。

中国軍は「ウクライナ戦争の軍事的教訓」をどのように分析しているのか。

ロシア軍は２０２１年11月頃からウクライナ国境付近に約19万人の地上軍を集結させ、ウクライナに軍事的圧力をかけていた*20。プーチン大統領の狙いは「戦わずして勝つ」だったのだろう。

２０２２年２月24日、ロシア軍はウクライナの飛行場や重要施設などにミサイル攻撃を行い、西側諸国の研究機関の予想の通り北部及び東部・南部の三方向から侵攻を開始した*21。しかし予想を超えるウクライナ軍の激しい抵抗に遭遇し、４月６日には多くの損害を出して北部地区から全面撤退した*22。

ロシア軍にとっては、緒戦における電子戦の失敗が痛手となったが、これには伏線があった——。

1　電子戦

侵攻の8年前、2014年2月ごろからクリミア半島で親露派勢力が主導権を取り、ウクライナからの分離独立及びロシア併合の活動が活発化した。

同年3月には、ウクライナ東部のドネツィク州及びルハンシク州の親露派勢力が自治権拡大などを求めてデモ活動を活発化させ、武装勢力がドネツィク州庁舎を占拠するなど過激な行動を起こした。その後、親露派勢力は武装蜂起し一方的に「ドネツィク人民共和国」「ルハンシク人民共和国」の成立宣言を行い、ドネツィク州及びルハンシク州の面積の約30%を実効支配した。これがウクライナ東部紛争である。

ウクライナ軍と親露派武装勢力との戦闘により、同地域では2019年までに1万人以上の死者が出ている*23。

2014年のクリミア併合時、ウクライナ軍はロシア軍の各種電子戦装置により通信を妨害され、指揮活動が混乱し十分に戦力を発揮できなかった。

それから8年間、ウクライナ軍はロシア軍の電子戦攻撃を研究し、その被害を最小限にするとともに、逆にロシア軍に対して通信妨害を行っている。「ロシア軍の電子妨害装置はバイラクタルTB2（トルコ製）の無人機が使用する無線周波数を妨害できなかった」と英メディアが報じていることから、ウクライナ軍の対電子戦攻撃の成果が分かる*24。さらにウクライナ軍は、ドローンを使ってロシア軍の電子戦装置を破壊し、電子戦能力を減殺している*25。

これに加えて、西側諸国からリアルタイムでもたらされた衛星情報や電波情報でロシア軍の行動データを把握していたこと、アメリカの実業家イーロン・マスク氏から無償提供を受けた衛星通信サービス「スターリンク」を情報共有やドローン操作に活用していることも大きな要因と考えられる。

また、自国の施設などがウクライナの攻撃を受けたかのように偽装して被害者であると主張する、いわゆる偽旗作戦については、米欧政府がいち早く情報を提供し、その効果を減殺している*26。

2　航空優勢の獲得失敗

初期作戦においてロシア軍が航空優勢を獲得できなかったことが、北部地区での敗退の大きな要因である。ロシア軍は、作戦開始とともに長距離打撃兵器（弾道弾や巡航ミサイルなど）によってウクライナ軍の対空レーダーや防空部隊、航空機等を攻撃したが、航空優勢の獲得に失敗した。このためロシア軍はウクライナ軍の防御陣地や防御部隊を破壊、減殺できず、逆にドローン攻撃を含めたウクライナ軍の航空攻撃を受けて攻撃前進が遅滞した。ウクライナ軍が固定式レーダーを破壊されることを予期し、移動式防空システム（S—300）を活用していたためである。

さらにNATO軍の早期警戒機がポーランド上空などを飛行し、基地を発進するロシア軍戦闘機の情報をウクライナ軍にリアルタイムで提供し、防空戦闘を助けた。イギリス国防省は4月27日、ロシア軍の侵攻が始まって約2ヵ月経過した戦況に触れ、ウクライナは大半の航空優勢を保持しつづけていると報告している*27。

3　北部地区での戦い

北部地区におけるロシア敗退の最大の原因は、プーチン大統領を含めロシア政府首脳がウクライナ政府・軍及び国民を侮っていたことである。2014年のクリミア併合時に、ロシア軍は一滴の血も流さずに作戦を完了した。ハイブリッド戦を世界ではじめて行い、世界に作戦開発能力の高さを示した。

この結果をもって「ウクライナ政府及び軍は弱く、ウクライナ国民も抵抗しない」と判断したのであろう。

国境付近に大規模なロシア軍を集結させて軍事的圧力をかけ、ウクライナ軍の戦意を失わせてキーウなど主要都市に電撃的に部隊を進撃させれば、ウクライナ政府は短期間で白旗を上げると判断したのだ。

北部地区におけるロシア軍敗退の原因の第一は戦闘力の分散である。短期決戦構想に基づいて全般作戦計画を立案したため、戦力を北部地区（キーウ州付近）、東部地区（ハルキウ・ルハンシクからドネツィク）、南部地区（ザポリジャからヘルソン市北部）に分散した＊28。

攻撃の原則は「戦闘力の集中」である。

一般的には攻撃側は防御側の3倍から5倍の戦力が必要と言われる。ロシア軍が戦闘部隊12万5０００人の兵力を3個方面に分ければ、1個方面の戦力は4万人程度になる。ウクライナ陸軍は9万人の兵力に加え領土防衛隊13万人＊29などを動員して、約22万人になっていたと思われる。このウクライナ軍を3個方面に分ければ、1個方面が7万人となり、ロシア軍と逆転する。もちろん戦車や歩兵戦闘車、自走砲などの装備数ではロシア軍が圧倒しているが、戦闘力の分散の状況は変わらない。東部地区、あるいは南部地区に戦力を集中投入していれば戦況は大きく違ったであろう。

また、ウクライナ軍は河川や山地、丘陵、森林、人工物、市街地など戦場の細かな地理を把握している。特に北部地区は広い平野が少なく、河川や市街地が国境近くに存在し、キーウ市という大規模市街地がある。市街地戦闘は戦力を分散することになるため、極力避けることが軍事常識である。ウクライナ軍は畑や草原に地雷を埋設してロシア軍部隊の展開を妨害し、その前進経路を道路沿いに限定し、迎撃した。

第二に補給の問題である。短期決戦構想のロシア軍は、戦闘車両の武器・弾薬・燃料、兵士の糧食や飲料水の補給計画が完全ではなかったと推測される。作戦部隊が初動携行している弾薬・燃料などが切れた際の補給要領（前方支援地域の設定や補給路の安全確保）が詳細に検討されていなかったのではないだろうか。

第三にウクライナ軍の準備と西側諸国の支援である。ウクライナ軍は東部地区で親露派武装勢力との戦闘を繰り返し、経験と練度を積み上げていた。加えてアメリカやイギリスから訓練指導を受け、対戦車ミサイルや携帯対空ミサイルなどの最新装備も供与されるなど、作戦能力を向上させていた。

ウクライナ軍は2022年9月6日から東部地区で攻勢を開始した。11日には東部ハルキウ州の要衝イジュームをロシア軍から奪還し、同州の被占領地域の大半にあたる3000平方キロ以上を短期間で奪還した*30。14日にはゼレンスキー大統領がイジュームを訪問し、国旗掲揚式典に参加して全世界に作戦の成功をアピールした。

9月10日からは東部の要衝であるリマン攻撃に重点を移し、主力部隊をリマン包囲に向けた。リマンではロシア軍5000人が包囲される状態*31となり、多くの装備を遺棄して撤退した。ウクライナ軍は10月1日にリマンを奪還したと発表した。

「ハイブリッド戦」の効果

中国は台湾侵攻作戦に直接影響する教訓について、どのように分析したのか。

1　ハイブリッド戦

ウクライナ側の準備と、アメリカ等の西側諸国の協力・支援によりロシアのハイブリッド戦の効果は大きく減じられた。

ハイブリッド戦とは軍事と非軍事の境界を意図的に曖昧にした手法である。国籍を隠した不明部隊を用いた作戦、サイバー攻撃による通信・重要インフラの妨害、インターネットやメディアを通じた偽情報の流布などによる影響工作を仕掛けて相手方に軍事面にとどまらない複雑な対応を強いる。中国軍は緒戦におけるロシア軍の失敗を教訓とし、作戦に反映させるはずだ。10万を超すといわれるサイバー戦部隊を中核とする戦略支援部隊が侵攻前から激しい攻撃を加えてくるだろう。

中国軍の特殊部隊を潜入させて台湾本島における反政府活動を指導・支援し、親中派を中心とする反政府団体を利用してサボタージュやテロを起こさせる。また軍人や公務員など要職にある人間の買収工作を行い、組織の弱体化を図ると考えられる*32。

2 電子戦等

中国軍の電子戦装備体系は、ロシア軍の装備に近いものと思われる。ウクライナ戦争の教訓から、妨害装置の出力を強化したり、周波数帯の拡大を試みるなど、攻撃的電子戦の改良を図るだろう。

防御的電子戦では、ロシア軍の多くの通信機に秘匿機能がなく、暗号化されていない「生文《なまぶん》」がウクライナ軍に傍受された。また通信機が不足していたため、部隊間の連絡に携帯電話を多用していた。それを傍受された結果、作戦行動が筒抜けになってしまったのだ。

中国は、台湾軍や米軍の電子妨害に対する防護体制を強化し、通信機の秘匿装置の能力を向上させ、個人の携帯電話の使用を禁止するなどの措置を取るものと思われる。中国では電子通信産業自体がロシアに比較して発達している。その技術力を転用すれば容易に対策を取れるだろう。

通信インフラ攻撃だけでは、台湾軍の指揮通信網を完全に破壊することは困難である。台湾の利用している通信用衛星の破壊のみならず、利用可能な他国通信衛星の破壊や妨害も行うことが考えられる。

3　航空優勢

中国空軍は台湾空軍に比較して圧倒的な航空戦力を有しており、航空戦では緒戦において勝利し、台湾海峡の航空優勢を確保するものと思われる。

次に地上部隊掩護《えんご》のため、台湾本島における航空優勢を確保することが必要になる。課題は台湾の防空ミサイル網をいかにして突破するかである。上陸前の準備打撃として、精密誘導兵器によって対空レーダーやミサイルを破壊する。しかし、そのすべてを無力化することは困難である。

台湾軍の残存防空能力をいかに減殺するかが課題となる。偵察衛星や電波情報はもとより、潜入している情報員、協力者などすべての情報収集組織を挙げて、台湾軍の移動式レーダーや対空ミサイルの配置に関する情報を全力で収集する。

地上作戦間に発見した移動式対空ミサイルや個人携帯式対空ミサイルは主として自爆ドローン等で攻撃し、防空網の破壊を目指すと予想される。

4　作戦

孫子の兵法にあるように、軍事作戦はすべからく短期決戦を目指さなければならない。長期戦になれば大量の弾薬や燃料を消費し、多くの兵士や装備を失い、加えて経済的損失は莫大となる。さらにアメリカや日本をはじめ西側諸国の支援や軍事的介入を誘発してしまう。

もっとも望ましいのは他国が干渉する前に短期間で台湾全島を占領することである。つまり米軍の参戦前に実効支配の形に持ち込めれば、目的達成となる。日本やその他の国の干渉も防がなければならないが、地理的に近い日本との局地戦を行うことを念頭に置いた作戦計画を立案することになるだろう。

ウクライナ戦争では、短期決戦構想が崩れ長期消耗戦に陥ってしまった。ウクライナ側の戦意は低いという判断のもと、三方向から攻撃を行い、戦闘力を分散してしまった。そしてなにより、ロシア軍の戦争目的が不明確で、兵士に戦う大義を説明できなかった。

中国軍は情報戦により、侵攻開始前から台湾軍の士気を下げ、台湾市民の戦意を低下させようとする。中国国民と兵士には、「台湾解放は中国の夢、圧倒的多数の台湾市民も統一を望んでおり、一部の富裕層や政治家、高級軍人が台湾市民を人質にしている」などと伝えて戦意と士気を高揚させる。

中国軍は台湾軍を圧倒する戦力を揃えるため、他戦区から部隊を東部戦区に配属し、40

万人を超える侵攻部隊を編成すると思われる。台湾軍地上部隊の正規軍約9万人に対し約4倍の戦力差となり一般的に言われる防御側の3倍以上の原則を十分に満たしている。地上部隊を支援する海空軍の対地支援戦闘機や爆撃機、ロケット軍の精密誘導兵器の量も台湾軍を圧倒している。

2025年頃には強襲揚陸艦が現在の3隻から12隻となり、揚陸能力は4倍になる。これにその他の揚陸艦船を加え、民間貨物船を徴用して、海上輸送能力・上陸能力の強化を図る。

中国軍が上陸を図ると予想される地域は台北市及び台南市正面、次いで台中市正面の海岸である。上陸に成功したのち、第二次侵攻部隊のために重要港湾や飛行場を確保すると思われる。

海岸堡を確保するまでは海軍艦艇の火力支援を受ける。内陸侵攻にあたっては、揚陸した砲兵火力を防御部隊に集中させ、火力の優越を確保すると思われる。

ロシア軍は市街地の占領に固執し、支配地域の拡大ができなかった。中国軍は大規模都市を迂回《うかい》し、占領しやすい周辺地域を確保すると思われる。〈柿は熟すまで待てばよい、そうすれば柿は自ら落ちる〉という考えにより、大規模都市を包囲し補給路を遮断すれば、いずれ降伏するという戦略である。

最大の課題は台湾東部地区の占領である。

台湾の中央山脈は標高3000メートルを超える高峰が連なる脊梁《せきりょう》で、全長は340キロメートルである。

このほか、北西には雪山山脈、南西には阿里山山脈、玉山山脈が走り、台湾本島を東西に分断している。東西を結ぶ主要道路は北部横貫公路、中部横貫公路、南部横貫公路などに限定されており、そこに数線にわたる抵抗陣地を構築されれば打通するのは容易ではない。

ウクライナ戦争では、ドニプロ川などの河川が地形障害になり、ロシア軍は渡河時に大きな損害を出した。中国軍は横貫公路を避け、台湾東部地区への着上陸という迂回作戦を採用すると考えられる。

候補地として五結郷地区、新城郷（花蓮市北部）地区、台東市地区が考えられる。

東部海岸に揚陸部隊を送るには宮古海峡又は与那国島―台湾海峡を通峡する必要があ

り、その場合には侵攻部隊の側背掩護を図る目的で与那国島、石垣島、宮古島に限定侵攻（島嶼の占領と安全化）する可能性が否定できない。尖閣諸島にレーダーを配置できれば、監視範囲が広がり台湾北部及び東部地域での作戦が有利となる。

ロシア軍旅団の大隊戦術群（ＢＴＧ）は、歩兵3個中隊、戦車1個中隊、砲兵2個中隊、防空1個中隊から編成されているが、歩兵3個中隊では防護力が弱く、戦力を十分に発揮できなかった。同じ旅団―大隊の戦術単位を持つ中国軍の大隊は歩兵4個中隊編成であり、ロシア軍より戦力的に大きい。これに戦車や砲兵部隊を配属して大隊戦術群もしくは旅団として戦力を統一発揮し、台湾軍の各個撃破を跳ね返すことが可能になる。

5　情報

開戦前のロシアの偽情報や偽旗作戦は、アメリカなどの妨害に妨げられ予期したほどの成果を上げられなかった。

ロシア国民向けのプロパガンダも、ＳＮＳの普及で阻害され、効果的ではなかった。これらの教訓から、中国は自国民と台湾市民への情報戦を使い分けて多層的な情報戦を展開するものと思われる。

自国民には、「多くの台湾市民が大陸との統一を願っている」とか、「台湾政府が市民を弾圧している」などの偽情報を流し、台湾侵攻の大義名分を創造する。外国からの情報流入を阻止するために国外とのインターネット通信を遮断するだろう。

ロシアに比べ中国は国内監視の態勢が発達しており、情報統制の強度も高い。台湾に近い福建省の軍事施設やインフラ施設で偽装テロ事件を起こし、台湾側の行為であるとの偽旗作戦を行って、それを侵攻の口実に使うことが予想される。

台湾市民への認知戦はマスコミ・SNS・親中派団体などあらゆる手段を活用して行うものと予想される。台湾政府の無策による外交・経済政策の失敗などを喧伝《けんでん》し、市民の弾圧、富裕層の腐敗などをアピールして、市民の分断を図る。軍隊内に浸透している工作員による抗命、サボタージュなど、反軍工作によって台湾軍の弱体化を図るだろう。

世界的な情報発信の柱になるのは、「台湾侵攻は内政問題」という法律戦と予想される。ロシアによる独立国ウクライナへの侵攻は他国への侵略行為であり、国連憲章違反である。それに対し中国の台湾侵攻は「一つの中国の下、台湾市民の多くが統一を求めている。それを妨げている一部の勢力を排除するために必要な軍事作戦であり、これに干渉することは内政干渉である」と大義名分を主張するだろう。

中国は、台湾市民の要請によって台湾解放の軍事作戦を開始したのだという広報、宣伝SNSを世界中に拡散する。アメリカ・日本を中心とした西側諸国の国民の厭戦《えんせん》気分を高めるための宣伝工作を行い、偽情報を拡散すると思われる。

ロシアはウクライナの占領地で親露派の自治体または政権を樹立し、その後住民投票でロシアに併合する手続きを取ったが、国際社会は受け入れを拒否し認めなかった。

一方中国の台湾侵攻は内政問題であり、侵攻作戦後に親中派自治政権を樹立するのみで、併合などの手続きは不要で国際的な承認も必要ないというのが中国の立場である。

6　兵站

ウクライナ戦争では兵站活動の重要性は、両軍共通のテーマとなった。

ロシア軍は故障した装備の整備、損耗《そんもう》した装備の補充などの補給整備計画が完全ではなく、戦闘部隊の作戦を円滑に支援できなかった。多くの装備を失ったうえ、遺棄した装備をウクライナ軍に再利用された。装備の損耗に補給が追い付かず、やむなく古い装備を使用するなど兵器生産態勢の欠陥も浮き彫りになった。半導体など西側の重要部品の禁輸がそれに拍車をかけた。

中国軍は装備の生産態勢を拡充するとともに、兵站部隊の増強を図るだろう。台湾侵攻は、狭いところで約１４０キロを渡海しての作戦である。周到に練り上げられた計画に基づいて福建省の各港に兵站支援基地を設置し、当初は貨物船により大量海上輸送作戦を行うだろう。

対岸の台湾本島海岸地域には応急埠頭を設置して、兵站物資の揚陸を行う。港を実効支配できれば、その量と速度を飛躍的に拡大させることができる。

支配地域の拡大により、物資補給はもとより、故障・被弾した装備の修理などを行うことができる前方支援基地を設置すると思われる。海底パイプラインを敷設して燃料補給を行うことも考えられる。

海上補給幹線の維持のために海空軍の有力な部隊を統合部隊として編成し、海上護衛作戦を行うだろう。その護衛作戦が侵攻作戦全体の成否を左右する重要な柱となる。

ロシア軍は作戦を通じて、前方地域の補給基地（弾薬・燃料などの集積所）への攻撃に苦しめられ、第一線部隊を後退させるなど戦線の整理を余儀なくさせられた。

中国は、海上補給幹線に次いで内陸部に侵攻する部隊への陸上の補給幹線の維持にも注力しなければならない。台湾軍の攻撃に加え、パルチザンなどによる破壊工作から防護するため、警備部隊を増強して配備しなければならない。民兵などから兵站警備部隊を編成し、警護の任務にあたらせると思われる。

空爆などによって侵攻前に台湾軍の兵站施設に戦略的打撃を与えるが、侵攻後も情報収集に努め、兵站施設を発見すれば速やかに攻撃するだろう。台湾軍はトンネルや地下などに物資を集積していると思われる。そのためバンカーバスターなど地中貫通型ミサイルなどを使用した攻撃を図る。

台湾東部地域に着上陸する侵攻部隊への補給は、西部地域以上に困難な作戦となる。補給には与那国島─台湾海峡を通峡して長距離を移動する必要があり、日本の自衛隊の直接脅威下に置かれるからである。

台湾への侵攻と同時に一部の部隊を与那国島へ空中機動させて島を確保する必要がある。

中国の最終的な作戦目的は台湾全島をその支配下に入れることである。しかし短期決戦が達成できない最悪の場合も検討しているだろう。その場合、台湾西部地域を占領し、実効支配する。それによって台湾海峡を内海化できる。台湾の主要都市、主要産業インフラ、多くの住民は西部地域に集中しており、それらを支配下に入れることができる。米軍が本格的に参戦する前に、いかに占領地を拡大し既成事実化するかが台湾侵攻作戦の最大の焦点である。

過去の「台湾海峡危機」

日中戦争終了に伴い、中国大陸では蔣介石率いる中華民国軍と毛沢東率いる共産党軍が激突し、蔣介石は１９４９年12月に台湾に全面撤退した。その後、台湾海峡危機が３回発生している。

１９５４年から１９５５年の第一次台湾海峡危機は、中国沿岸部の群島をめぐる戦いである。

１９５４年８月に当時の周恩来総理が台湾解放を宣言し、金門島及び馬祖島を砲撃するとともに、中国軍が大陳島及び江山島を急襲して中華民国軍を駆逐し、両島を占領した。１９５５年１月にアメリカ大統領が中華民国を守るために軍事行動を取ることを宣言し、中国側が交渉に応じる意思を表して終結した。

第二次台湾海峡危機は、１９５８年の金門島砲撃戦である。

１９５８年８月23日に、中国軍が中華民国の金門島及び小金門島への侵攻を企図して激しい砲撃を開始した。最初の２時間で約４万発を発射したと言われている。アメリカは第７艦隊の空母７隻を台湾海峡に派遣し、中華民国に武器の供与を行い支援した。戦いは中華民国軍有利に推移し、戦闘は次第に終息していった。その後も砲撃は定期的に行われ、完全に停止されたのは１９７９年１月１日の米中国交樹立時である。実に21年間にわたって砲撃が行われた。

第三次台湾海峡危機は、１９９５年から１９９６年のミサイル危機である。

１９９５年６月９日に、台湾の民主化を進める李登輝総統がコーネル大学での演説のため訪米し、これに強く反発した中国政府は、１９９５年７月から８月にかけて台湾北部の基隆市及び南部の高雄市の沖合の領海内にミサイル発射試験を行った。翌年3月に台湾ではじめて行われる総統選挙で李登輝を選ぶことは「戦争に繋がる」とのメッセージを送るためである。

アメリカの反応は素早かった。

台湾関係法に基づいて3月8日にはインディペンデンス空母打撃群を台湾海峡に派遣すると発表し、3月11日にはペルシャ湾にいたニミッツ空母打撃群を追加派遣することを決定した。ニミッツ空母打撃群は台湾海峡を通峡しアメリカの台湾防衛の強い意志を示した。

台湾の孤独な戦い

台湾は、2021年3月に発表した「QDR（4年ごとの国防総検討）」で長射程兵器や非対称戦力（相手の攻撃とは別の方法で反撃すること）の増強、警戒監視能力の整備などによって防衛能力を強化し、中国のグレーゾーン事態にはビッグデータ解析などの新技術の活用や、海軍と海巡署との連携で対処するとしている。

2021年11月に公表された国防報告では、中国のグレーゾーン戦略の脅威に対して非対称戦力や国産兵器の拡充、アメリカからの兵器輸入、統合訓練の強化、サイバー作戦能力の向上、認知戦に対する教育、動員体制の強化などの取り組みを行ったとしている＊33。

台湾は、戦闘機、艦艇などの主要装備と、非対称戦力を組み合わせた多層的な防衛態勢＝「防衛固守・重層抑止」により、中国の侵攻を可能な限り遠方で阻止する戦略を打ち出している。

具体的には、中国軍の先制攻撃による損害を軽減し、軍の戦力を温存する「戦力防護」、航空戦力及び沿岸配備火力によって局地での優勢を確保し、統合戦闘力を集中して中国軍の上陸船団を阻止・殲滅する「沿海決勝」、沿岸部での中国軍の艦艇の行動を統合戦力・火力と障害で撃滅し、上陸を阻止する「海岸殲滅」である。

「ＱＤＲ」及び「国防報告」では、用兵理念として「対岸拒否、海上攻撃、水際撃破、海岸殲滅」と提示している。中国軍の侵攻を重層的に阻止し、統合火力攻撃を指向してその戦闘力を逐次減殺し、攻勢を瓦解させ、着上陸侵攻を阻み、台湾侵攻を失敗させることだと説明している＊34。

台湾軍の作戦は努めて前方から侵攻を妨害し、その戦力を減殺し、米軍が来援するまでの時間を獲得することだと思われる。

国防白書等を見ると、台湾は生き残りをかけて中国の侵攻に全力で対処しようとしている。特徴的なのは、強大な中国軍に台湾単独で立ち向かおうとしている点である。日本や韓国は、アメリカと同盟を結び共同で対処するように計画している。これに加え日本はインド太平洋の平和と安全を構築するために豪州・インドを含めたクアッド（QUAD）を構成する。

主要国と国交のない国家の宿命であるが、台湾の国防白書にはどこか悲壮感が漂う。

半導体産業とバーチャル国家構想

特にアメリカから、半導体の製造拠点が台湾に集中していることへの不安が出ている。

蔡総統は、

「台湾に半導体部門が集中していることはリスクではない」

「最先端の半導体製造プロセスにおける台湾の優位性と能力を維持しつづけ、半導体の国際サプライチェーンの再構築の最適化を支援し、台湾の半導体企業がさらに重要な役割を果たすようにする」

と述べた*35。

台北から南西に約80キロの台湾北西部に位置する省轄市（台湾省直轄市。現在、台湾省は形骸化）の新竹市は人口約45万人を擁する中核都市で、台湾のシリコンバレーと呼ばれている。

郊外にはパソコン、通信機器、半導体などのＩＴ関連企業や工場が集中する「新竹科学園区（新竹サイエンスパーク）」があり、半導体生産関係だけで17万人以上が働いているという。

半導体の受託生産で世界最大のＴＳＭＣ（台湾積体電路製造）は、１９８７年に半導体生産に特化して成長し、現在では世界の最先端半導体生産の70パーセントを占めている。同社の時価総額はトヨタ自動車の2倍程度である（２０２２年12月時点）。

これが中国の占領下に置かれれば国際的に半導体の供給が逼迫《ひっぱく》し、世界経済に大打撃を与える恐れがある。アメリカが台湾防衛に積極的な理由のひとつはここにあるだろう。

台湾にある基幹産業、先進企業の技術・生産ラインを平時から各国に分散させ、国の資金も海外に投資するか預金し、侵攻の兆候があれば先進企業の技術者などをアメリカや日本に疎開させることも有力な選択肢である。

台湾が生き残りをかける方策が考えられるとすれば、それはインターネット空間でのバーチャル国家ではないだろうか。

バーチャル空間に台湾共和国を創設し、全世界の華僑に台湾国籍の取得と加入税または寄付金や年会費の納付を募る。バーチャル台湾政府は、国民に台湾国籍を与えパスポートを発行し、身元を保証する。また潤沢な資金によりリゾート地を購入し、世界の台湾国民に優先的に使用させる。ギャンブルなどの娯楽も提供する。たとえ全島が中国側の支配下に入ったとしても、バーチャル国家として領土を持たずに存続できる。

自衛隊「防衛力整備計画」を診断する

岸田文雄首相は「防衛力の抜本的強化」を明言し、２０２２年12月16日に「国家安全保障戦略」「国家防衛戦略」「防衛力整備計画」の安保関連3文書を策定した。新たな防衛戦略に基づき、自衛隊の防衛能力を抜本的に高め、日米の共同作戦能力を深化させることは当然だが、これに豪、印のクアッド、さらにはＡＵＫＵＳのイギリスを加え、国際的な安全保障の枠組みを強化することを目指している。台湾侵攻は国際社会の激しい反発と制裁を招き、計り知れない破壊を生むことを中国に自覚させるような外交努力が求められている。

それでも台湾有事が発生した場合には、政府・政治家の強い指導力が必要になる。早期かつ適切に情勢の推移を予測し、警察力から自衛隊への移行をスピーディーに行い、必要な場所に防衛部隊を機動させて、事態の拡大を抑止する。

もし日本への侵攻を許した場合には、日米共同で反撃することになる。ＮＡＴＯとは違い、日米安保条約は第５条に「自国の憲法上の規定及び手続きに従って」とある。合衆国憲法では開戦権は連邦議会にあると定めており、日米安保の発動には議会承認が必要になる。日本には早期の米軍来援を可能にするための、幅広い外交努力が求められる。

日本政府は10年程度の間に保有すべき防衛力の水準を定めた「国家防衛戦略」、同じく10年先の自衛隊の体制を示す「防衛力整備計画」を策定し、２０２３年から5年間の防衛費を約43兆円と定めた。５年後の２０２７年に、インフラ整備や海上保安庁の経費など防衛力を補完する経費を含めてＧＤＰ比２％相当とすることとした。

今回、敵のミサイル基地などを破壊する「反撃能力」の保有を明記し、安全保障政策を大きく転換した。

岸田総理は同日夕の記者会見で「我が国周辺地域において急激な軍備増強、力による一方的な現状変更の試みが顕著になっている。国家、国民を守り抜く使命を断固として果たしていく」と述べた。

「国家防衛戦略」には防衛力の抜本的強化において重視する項目が列挙されている。スタンド・オフ防衛能力、統合防空ミサイル防衛能力、無人アセット防衛能力、領域横断作戦能力、指揮統制・情報関連機能、機動展開能力・国民保護、持続性・強靭《きょうじん》性の7項目である。これらに基づいて「防衛力整備計画」の主要事業が計画され、2027年及びおおむね10年後までの目標達成時期が示されている。2027年は、中国による台湾侵攻が現実味を帯びる時期と符合する。日本政府の危機感の表れと言っていいだろう。

「防衛力整備計画」の5年目の目標が達成されたとき、自衛隊はどんな対応がとれるのか。具体的に見ていく。

1　スタンド・オフ防衛能力

スタンド・オフ・ミサイルを実戦的に運用する能力を獲得するとされている。これにより整備される装備は、12式地対艦誘導弾能力向上型（地上発射型）、トマホーク（巡航ミサイル）である。

12式地対艦誘導弾能力向上型は射程約1000キロに延長され、宮古島・沖縄本島から与那国島や尖閣諸島がその射撃範囲に含まれる。トマホークの射程は1300キロ以上、アメリカの保有する改良型トマホークであれば射程最大3000キロで、中国本土まで攻撃可能である。

これらの装備を沖縄本島等に配置することにより、南西諸島に近接する中国軍艦隊を牽制できる。与那国島や尖閣諸島への上陸を図れば、彼らの脅威圏外から攻撃し上陸を阻止できるようになる。

2 統合防空ミサイル防衛能力

極超音速兵器に対処する能力、及び小型無人機（UAV）に対処する能力を強化するとされている。具体的には、03式中距離地対空誘導弾（改善型）能力向上型、イージス・システム搭載艦、弾道ミサイル防衛用迎撃ミサイルなどである。

イージス・システム搭載艦は整備予定の2隻中、1隻目が配備される。能力向上型の迎撃ミサイルなどを配備し、中国軍の弾道ミサイルに対処する。しかし、飽和攻撃に有効に対処することが可能なのか、疑問が残る。変則軌道を描く極超音速滑空兵器（HGV）には対処困難である。攻撃型無人機による攻撃にも達成期間内には完全に対処しきれない。

3　無人アセット防衛能力

隙のない情報収集・警戒監視・偵察・ターゲティングを実施するため、洋上監視に資する滞空型無人機（UAV）、及び艦載型の無人アセットや相手の脅威圏内で目標情報を継続的に収集し得る偵察用無人機のほか、用途に応じた様々な無人アセットを整備するとしている。

現在、航空自衛隊及び陸上自衛隊などに無人機が一部装備されているが、今後5年間でどのような性能の無人機がどの程度の規模で導入されるか現段階では不明である。ウクライナ戦争を見れば、機能の異なる大小の無人アセットが戦場で必須の装備となっている。早期の配備が必要であろう。

4　領域横断作戦能力

宇宙領域における能力、サイバー領域における能力、電磁波領域における能力、陸・海・空の領域における能力の4領域の能力を整備し情報収集、通信等の各種能力をいっそう向上させるとなっている。

アメリカとの連携を強化するとともに、民間衛星の利用等で補完し、目標の探知・追尾能力の獲得を目的とした衛星コンステレーション（システム化された人工衛星群）を構築するとされている。しかし期間内の実現は困難であり、情報衛星、衛星攻撃兵器など宇宙領域においては中国軍が優越し、有利な戦いを展開するものと考えられる。

サイバー安全保障分野の政策が政府全体で一元的に総合調整されることを踏まえ、防衛省・自衛隊は、自らのサイバーセキュリティのレベルを高めながら、関係省庁、重要インフラ事業者及び防衛産業との連携強化に資する取り組みを推進することとしている。

具体的には自衛隊サイバー防衛隊等のサイバー関連部隊を5年後に約4000名に増員する計画である。とはいえ、中国軍の戦略支援部隊等のサイバー要員は約17万5000名

*36ともいわれるほどの巨大な組織である。日本政府の官民インフラの防護、自衛隊関連のシステム防護は脆弱《ぜいじゃく》で、大規模停電やシステム障害などの発生が危惧される。

自衛隊の通信妨害やレーダー妨害能力の強化とあわせて、電磁波の探知・識別能力の強化や電磁波を用いた欺瞞の手段を獲得するなど、電子戦能力を向上させる。また、レーザー等を活用した小型無人機への対処等、電磁波の利用方法を拡大するとされている。

陸上自衛隊には敵の通信・レーダー妨害機能を持つネットワーク電子戦システムがある。この装備の増強とスタンド・イン・ジャマー（脅威圏内での電子妨害）等の開発などを行う。

中国軍の電子戦能力は高く、自衛隊の作戦にかなりの影響を及ぼすものと考えられる。その影響を最小限にするためには、電子戦システムなどの増強と能力向上を急がねばならない。

各自衛隊において、装備品の取得及び能力向上等を加速し、領域横断作戦の基盤となる陸・海・空の領域の能力を強化する。

現在、装備品の年間取得数が少なく、部隊に充足されるのに時間がかかっている。その結果、教育訓練にも影響が生じ、部隊の戦力化に重大な問題が発生している。部隊への充足が早まれば、領域作戦能力が向上する。

5 指揮統制・情報関連機能

２０２７年までにハイブリッド戦や認知領域を含む情報戦に対処可能な情報能力を整備し、衛星コンステレーション等によるニア・リアルタイムの情報収集能力を整備するとしている。10年後までにＡＩ（人工知能）を含む各種手段を最大限に活用し、情報収集・分析等の能力をさらに強化する。情報収集アセットのさらなる強化を通じてリアルタイムで情報共有可能な体制を確立するとなっている。

しかし、期間内にこの機能がすべて整備されることは考えられず、ハイブリッド戦や情報戦にどこまで対抗できるかは未知数である。

6 機動展開能力・国民保護

島嶼部を含む我が国への侵攻に対しては、海上優勢・航空優勢を確保して侵攻する部隊の接近・上陸を阻止することが求められる。そのため、平素配備している部隊が常時活動するとともに、状況に応じて必要な部隊を迅速に機動展開させる必要がある。海上輸送能力・航空輸送能力を強化し、民間資金等活用事業（ＰＦＩ）などの民間輸送力を最大限活用するとしている。

現状でもこれらの機能は保有・活用しており、さらに強化されれば実効性はかなり上がる。

国民保護は、自衛隊の作戦準備との整合を図りながら、その輸送能力を活用して島嶼部から住民を避難させることになる。国民保護の課題については後述する。

7　持続性・強靱性

弾薬、燃料、装備品の稼働率など現在の自衛隊の継戦能力は必ずしも十分ではない。継戦能力を確保維持するために、弾薬生産能力の向上及び火薬庫の確保を進め、必要十分な弾薬を早急に保有する。燃料所要量を確保し、装備品をすべて稼働させる体制を早急に確立する。

弾薬については２０２７年度までに必要数量を確保し、稼働率低下の原因である部品不足を解消するとしている。

弾薬・燃料の必要量は、作戦期間の長さと、島嶼部で事前集積可能な量、輸送能力に左右される。損耗した装備の補給は、緊急生産を依頼したとしても作戦間には間に合わず、再補給が困難だと思われる。

２０２７年までに司令部の地下化、主要基地・駐屯地の再配置・集約化を進め、各施設の強靱化を図るとしている。司令部の地下化に加えて戦闘機の格納庫の掩体壕（バンカー）化が進めば爆撃による破壊からの抗堪性が強化される。

最重要は「住民避難計画」の策定

国民保護法では、緊急対処事態及び武力攻撃事態で住民避難が適用され、その場合には自治体が重要な役割を担うことになる。武力攻撃事態では、自衛隊は武力攻撃を排除することに全力を傾注しているため、災害派遣の場合とは異なり、住民避難に能力を集中することができない。政府の早期判断により先島諸島からの住民避難が開始され、自衛隊に余力がある場合、避難の誘導・輸送にあたることになる。

不幸にして避難指示が遅れ、住民在島の状態で武力攻撃に対する防衛作戦を行う場合は住民の安全確保処置が必要となり、防空壕の建設や既存のトンネル活用による退避施設の開設が自衛隊に求められることになる。

台湾在留邦人の退避も大きな課題である。情勢の悪化により退避勧告が出された場合、台湾の在留邦人2万345人をどのように退避させればよいのか。

まずは民間航空機を最大限使用して空路から、またチャーターした客船で海路からの退避も並行して行う。

情勢が緊迫して海空路が使用できなくなった場合、外務大臣から防衛大臣に依頼があり、自衛隊が台湾在留の邦人等の輸送にあたる。台湾政府と調整し、自衛隊機の台湾領空進入及び空港の使用許可を取る。台湾本島西側に自衛隊機が進入できない場合は、台湾本島東側に輸送拠点を設けて海上に停泊する海上自衛隊艦艇との間でヘリによるピストン輸送を行うことになる。

中国は、台湾問題は内政問題であるという立場をとる。日本政府は、「台湾からの邦人避難の安全確保責任は中国政府にある」と主張すべきである。

残された課題

自衛隊は新たな「国家防衛戦略」及び「防衛力整備計画」に基づいて中国軍の侵攻に対処することになるが、解決しなければならない課題はまだまだある。

計画に基づき組織や装備の定数を確保したとして、戦闘が開始された場合に破損した装備の回収や修理が速やかにできるのか、また損耗した装備の補充はできるのかである。第一線地域での装備回収は自衛隊が行うが、自衛隊の野整備や補給処整備では対応できない場合には、民間企業の支援が必要である。

戦車・火砲及び戦闘機などの生産は現在年単位で行われており、企業も緊急生産の態勢にはない。主要装備を定数以上保有して、部隊または補給処等で管理する方式を検討すべきである。維持管理経費は必要だが、他国軍ではそのように実施されている。

予備自衛官の数が少ないのも問題である。

陸上自衛隊を例にとると、2022年度末の定員として常備自衛官15万5990人、即応予備自衛官7981人、予備自衛官4万6000人となっている。有事には緊急募集を行い自衛官を補充するが、基礎教育に3ヵ月は要する。その間は予備自衛官が補充要員となるが、年齢が高い者も多く、予備自衛官制度全体について検討すべき課題である。

前述した軍法会議の課題もある。

重大な海難（事件）を扱う「海難審判所」のような「防衛裁判所」（仮称）を防衛省の特別な機関として設置すべきではないか。海難審判所は海難審判法に基づく行政審判を行っている。防衛省も、自衛隊という有事に行動する特殊な組織を客観的に裁く裁判所を設置する必要がある。

一審・二審はここで審理し、終審裁判所として最高裁判所があれば、憲法で禁止する特別裁判所に該当しないのではないか。


最後に自衛隊出動に大きな影響を与える「国内世論」である。

ＰＫＯ（国連平和維持活動）やイラク派遣など、過去に自衛隊を海外に派遣する際、野党や市民団体の反対運動があった。２０１５年の「平和安全法制」審議でも野党や市民団体が「戦争法案」と批判し、激しい反対運動を行った。

台湾有事の際にも一部野党や市民団体が平和を唱えて反戦運動を展開することが予想される。しかし、いったん有事が発生すれば事態の推移は早く、政府はスピード感を持って対処しなければならない。

反戦・抗議活動が起こることを織り込んだうえで、国民に真摯に、丁寧に説明することが求められる。

安全確保法制は機能するのか

２０１５年に制定された「平和安全法制」とは、自衛隊法、周辺事態法、船舶検査活動法、国連ＰＫＯ協力法等の改正による自衛隊の役割拡大と存立危機事態への対処に関する法制の総称である。各シナリオに関係する法制は「自衛隊法」、「重要影響事態安全確保法」、「武力攻撃事態等及び存立危機事態における我が国の平和と独立並びに国及び国民の安全の確保に関する法律」、「武力攻撃事態等における国民の保護のための措置に関する法律（国民保護法）」である。

我が国の法体系は実に複雑で、たとえば本書第2部のシミュレーションのように台湾有事が発生し、米軍が作戦行動に入ると、後方支援等を行うために重要影響事態に認定する意思決定を行う必要がある。次に事態が推移すると米艦防護のために存立危機事態を認定し防衛出動を行うことになる。

法的に見れば、存立危機事態において集団的自衛権の行使を行っており、その後直接攻撃されれば武力攻撃事態の認定を行い、個別的自衛権の範疇《はんちゅう》になる。そして速やかに日米安保条約の発動をアメリカ政府に要請することになる。


存立危機事態において、アメリカの海軍駆逐艦が同盟国である海自護衛艦の警護を得ながら作戦を行う。米艦が攻撃されれば、アメリカは当然海自艦に防護（反撃）を求める。このとき海自艦は存立危機事態で行動している。

次に海自艦が直接攻撃された場合、日本は事態認定を切り替えて武力攻撃事態とし、日米安保条約の発動を要請して共同作戦に移行する……米軍にはまったく理解できない事態認定の切り替えである。

もちろん護衛艦が出動する際には、艦長に包括的な行動基準を与え、円滑な作戦遂行に努めるはずだが、現在の日本の法制度では複雑な手続きを取らなければ前に進めない状態であることは変わらない。

また行動に関しての課題もある。一般的に軍隊は国際法的に行動するために「ネガティブ・リスト（やってはならない行動）」で行動規定されるのに対して、自衛隊は警察と同じ国内法的な「ポジティブ・リスト（おこなってよい行動）」で行動規定されている。このため新たな行動を取る場合には、そのたびに根拠規定を作らなければならず、運用の柔軟性に欠けている。

このほかにも、有事の際に自衛隊の行動に制約を与えている法制は数多くある。

安全保障法制の中で特に「国民保護法」を見てみたい。具体的には有事の際、先島諸島の住民約10万人を早期かつ安全に海空路を使用して島外避難させ安全な場所に収容する。

しかし現在、島外避難の実動訓練は行われていない。有事の際、迅速かつ円滑な住民の全島避難を行うためには、輸送手段と避難場所の確保、平時からの綿密な計画作成と実動訓練、そして避難のための時間を確保することが必要である。

現在、避難に使用する民間船舶や航空機など、輸送手段を確保する法的枠組みはない。また、避難時間が十分に確保できるか否かは政府の決断の早さによる。決断を迷い、時期を逃せば住民が巻き込まれることになる。なにより重要なのは早急に決断することである。

親日国・台湾と日本の絆

台湾にはもともと東南アジアからの渡来住民が原住民として住んでいた。16世紀になるとオランダ人やスペイン人が入植しはじめ、17世紀に中国大陸から漢民族が移住するようになり、漢民族が支配するところとなった。19世紀には日清戦争により、台湾及び澎湖諸島が日本に割譲されてその統治下に入ることになる。

日本は台湾総督府を設置して、学校を造り日本語を教えるなど徹底した日本化を推進した。この間、高砂族が「霧社《むしゃ》事件」とよばれる武装闘争を起こすなど、台湾原住民による抗日運動が起きたが、日本の官憲・軍により武力弾圧された。

日本の敗戦後、入れ替わるように国共内戦に敗れた中国国民党が台湾に入ってきた（彼らを外省人と呼びそれまで台湾に住んでいた住民を本省人と呼ぶ）。

当初、台湾人は彼らを歓迎したが、国民党軍の士気の低さ、国民党政府の傲慢《ごうまん》な政治手法などにより民心は離反していった。台湾人による大規模な反乱は「2・28事件」とよばれ、蔣介石により武力鎮圧された。この事件で台湾社会の指導階層数万人が殺されたと言われている。この事件を契機に、台湾人の独立心が強く刺激された。
中国共産党は中国大陸を完全に支配下に置いたのち、台湾解放を目論んでいたが、朝鮮戦争の勃発により関心を朝鮮半島に向けた。アメリカは艦隊を派遣し、巨額な軍事・経済支援を行うなどして蔣介石政権を支えつづけた。台湾の共産化を防ぐためである。

第二次大戦後、台湾は近代化への歩みを続け、21世紀にはパソコン生産など、工業生産力で世界のトップクラスとなった。現在では、半導体生産で世界経済を左右するまでに成長している。
台湾は世界一の親日国である。日本は教育制度を整え（山岳地帯に暮らす原住民の共通言語が日本語になったとも言われている）、治水・道路・港湾・電気・病院などのインフラを整備し、曲がりなりにも台湾を「近代化」した。日本の敗戦後に入った国民党があまりにも士気が低く、横暴で、治政も杜撰《ずさん》であったがため、それと比較して日本の評価が高くなったと言われている。

1971年10月25日の国連総会で「アルバニア決議」が採決され、中華民国（台湾）は国連常任理事国の座を失い国際連合を脱退した。

当時、私は中学生だったが、いまでもテレビのニュース映像を鮮明に記憶している。中華民国代表が退出しようと出口に向かったとき、日本とアメリカの国連代表が後を追うように駆け寄る姿である。

中華民国への興味と親近感は、私の父が上海の大学を卒業したこと、職業軍人として中国大陸で転戦し、戦後は国民党軍に協力したことなどに基づく。


私は2020年1月18日から21日の4日間、民間団体の主催する「台湾顕彰慰霊の旅」に同行する機会を得た。

1月19日、台湾の靖国神社と言われる新竹市郊外の南天山濟化宮で、日本軍兵士として戦死された台湾出身兵士の慰霊顕彰に参加した。この神社は、遺族の方々が高齢になり容易に靖国神社に参拝できないため、靖国神社の神霊を台湾へ分祀する霊璽複写として1965年に創建され、約3万柱が祀られている。春節（旧正月）を中心に多くの遺族が参拝し「わざわざ靖国神社に参拝しなくてもよい」と感謝されているという。あらためて日本と台湾の深いつながりに気付かされた。

翌日、高雄市鳳山区にある保安堂での慰霊に参加した。ここには日本海軍第38号哨戒艇が祀られている。戦後、地元漁民の網に一体の頭蓋骨がかかり、海府尊神として神棚に祀った。その後、別の漁師が海府尊神から「艇長の高田大尉である。部下の魂を日本に連れて帰りたい。祠《ほこら》を建ててほしい」とのご神託を受けたとして保安堂の建立につながった。毎年、哨戒艇が撃沈された11月25日に慶典が開かれ奉祀されているという。日本からの訪問者も多く、地元の方々との交流の場になっている。高田又男大尉以下145柱の軍神が日台友好の絆、平和の象徴になっていることに万感の思いである。

台南市安南区にある鎮安堂飛虎将軍廟での慰霊も行った。ここの御祭神は日本海軍戦闘機パイロットの杉浦茂峰少尉である。彼は台湾沖航空戦に出撃、米軍機との空中戦で被弾、地元集落への墜落を避けるため郊外まで操縦し、最終的には敵機の機銃で戦死した。死が迫るなか、住民の命を守ろうとした杉浦少尉を地元有志が神と称えて祠を建てた。1999年に発生した航空自衛隊練習機の入間川墜落事故では空自のパイロットが入間川沿いの住宅地や学校を避けるため機を脱出せず、最後まで操縦し殉職した。事故発生当初の批判的な日本の報道をみるに、時代が違うとはいえ戦死・殉職者に対する国民感情について考えさせられるものがある。

ほかにフィリピンに派遣された海軍巡査隊の指揮官である廣枝音右衛門警部を祀る獅頭山勧化堂への参拝を行った。廣枝隊長は司令部からの玉砕命令を受けると、部下の台湾警察官に「ここまで良く戦ってくれた。故国台湾には諸君の生還を心から待つ家族がいる。この際、敵に投降してでも生き残れ、責任は自分がとる」と部隊解散命令を出して自決し、このおかげで多くの台湾巡査たちが帰国できた。戦後、彼らが台湾仏教の聖地である獅頭山に廣枝隊長をお祀りし、現在は孫たちが引き継いでいる。台湾青年の命を救った日本の警察官はもとより、孫の代まで恩を感じている台湾の方々に頭が下がる思いである。

このほか、海軍軍官学校訪問、台南市議会表敬など、地元の有志や議員の皆様方から熱い歓待を受けた。

先の大戦で日本国民のために散った幾多の英霊に感謝することはもちろん、平和の大切さと日本に対する温かさを肌で感じることができた。

親日国家の台湾と比べ、反日感情が強い韓国、単純に比較はできないが同じくかつて日本の統治下にあった両国の違いははたして何であろうか。

日本の統治の良否を評価する国と、すべてを否定する国の差であり、具体的には国の教育に差異が表れていると思う。

台湾南部地域の治水事業で貢献した水利技師の八田與一は、台湾の教科書に恩人として記載されるほどの有名人である。他方、韓国では国を挙げて反日教育が行われ、その結果慰安婦や徴用工問題、そして日本製品の不買運動にまで発展した。他国を批判ばかりしている国が、はたして諸外国から尊敬を集め得るだろうか。旅の途中でお話しする機会のあった台湾の方の、「日本統治は悪い面もあったが良い面も多かった。我々は前を向いて進んでいく」との言葉が印象的だった。

習近平政権のなり振り構わない香港の一国一制度化の強行は、国際社会に中国の覇権主義を知らしめることになった。台湾は、香港の次は自国ではないかと、非常な危機感を抱いている。

日本も他人事ではなく、尖閣沖では中国公船の領海侵入が繰り返され、主権が侵害されている。

いま必要なのは、日台がともに協力して危機に臨むことではないか。そのためには、政府レベルでの台湾とのいっそうの関係強化、国民レベルでの交流の深化が求められている。

第4部　戦争の結末

日米の参戦

中国の侵攻に対し、アメリカ、そして日本はどのように対応するのか。その結果戦争の行方はどうなるのか。第4部では、その点を検討していく。

重要なのは、米中双方が全面戦争への進展を避けることを意識して行動するということである。戦争がエスカレートし、双方が引くに引けなくなれば、最悪核兵器の使用にまで拡大する可能性がある。そうなれば、世界の破滅である。

中国軍はアメリカ空母に対する攻撃で弾頭の威力を意図的に低下させて決定的な打撃を与えることを避けるだろう。原子力空母が撃沈され、6000人もの乗員を失えば、アメリカの国内世論が沸騰して戦争が拡大する可能性がある。

同様に、アメリカ側も中国本土の基地などに対する攻撃はせず、台湾海峡の海上部隊、及び台湾に上陸した部隊に目標を限定するだろう。

ウクライナ戦争でも、西側諸国はウクライナへの武器供与を抑制・限定し、欧州全域が戦場になることを避けた。それと同じことがアジアで起こる可能性がある。

中国は台湾侵攻作戦開始前に、周到な準備を重ねるはずだ。秘密外交によりロシア、イラン、北朝鮮に軍事行動や大規模演習を行わせてそれぞれの地域で米軍の戦力を拘束し、台湾正面への戦力転用を妨害することが予想される。

当然アメリカも同じことをする。クアッドの一員であるインドが中印の係争地で大規模な演習を行えば、中国はこの地域の戦力を転用できなくなる。

アメリカは情報機関を動員して新疆ウイグル自治区やチベット自治区の反政府勢力を支援し、中国の後方地域で攪乱《かくらん》作戦を行うことが考えられる。

ウクライナ戦争でロシア軍は1日に5万から7万発もの膨大な量の砲弾を発射したと言われている。ロシア軍は鉄道を利用して、国内の生産基盤・補給基地から第一線部隊の支援地域に補給品を輸送した。

台湾侵攻でも補給が大きな課題になる。中国人民解放軍の東部戦区司令部の行う最大の作戦は上陸した部隊に人員、武器・弾薬、燃料及び食料・水を途切れることなく補給することである。

揚陸作戦に使用した民間貨物船舶を引きつづき海上輸送手段として活用する。その護衛のために、海軍戦力を充当しなければならない。

それに対し米インド太平洋軍は、これらの輸送艦船や航空母艦などを標的とした海上・航空攻撃を行い、中国本土からの補給を断つ作戦を中心とすると予想される。アメリカの軍事介入は巡航ミサイル及び対艦ミサイル、戦闘機、海空ドローン兵器による艦船攻撃のみで、上陸部隊への航空攻撃や、機動艦隊による本格的な攻撃などは行われない可能性が高い。

動員されるのは、3個空母打撃群の艦載機、および嘉手納基地などを拠点とする空軍機である。戦闘機対戦闘機の空中戦も発生するだろう。

中国本土への攻撃や、台湾に上陸した中国軍への直接攻撃は避け、交戦による自軍の直接的損害を小さくしようとするはずだ。

中国軍としては、アメリカはじめ西側諸国が本格的な軍事支援に乗り出す前に占領の既成事実を作る必要がある。時間との勝負なのである。

台湾西部沿岸に中国軍が上陸し作戦基盤を構築すれば、中国側と台湾側の両岸から台湾海峡を制することが可能になる。台湾海峡は事実上中国の内海化し、米海軍艦艇も容易に入ることができない。

南北台湾海峡入口への浮遊機雷、係維機雷、沈底機雷の敷設などによって海峡の封鎖を行う可能性も考慮する必要がある。

中国海軍にとって南西諸島の日本の対艦ミサイル網、台湾東部沖（太平洋上）の米英豪の機動艦隊が脅威となる。台湾東部の太平洋側では、中国軍が大規模な艦隊を自由に作戦行動させることは困難だろう。

一方、日本参戦のシナリオはどうか。

可能性が高いのは、重要影響事態から事態のレベルが推移していく展開である。存立危機事態及び武力攻撃事態の認定により防衛出動が下令され、集団的自衛権の行使から個別的自衛権に切り替わり、日米安保条約に基づく日米共同作戦へと発展して、南西諸島及び同海空域で中国軍と戦闘することになる。

中国軍の主作戦は台湾本島正面であり、対日作戦に充当する戦力には限りがある。そこが自衛隊の勝ち目となる。

アメリカと日本は同盟国であり台湾とは立ち位置が違う。もっとも重要なことは、早期に日米安保条約が発動され、日米共同作戦が行われることである。米海空軍が台湾海峡正面で作戦を行っていてもある程度の来援は期待できるだろう。
最大の課題は住民避難である。ウクライナ戦争を見ても分かる通り、戦場に残留している住民がいる場合には、その被害は大きい。

大量の台湾市民が南西諸島から九州に至るまでの島嶼に押し寄せ、避難して来ることを予期しなければならない。宿舎施設、医療や食事の支援など、受け入れ態勢を周到に計画しておく必要がある。

2000メートル以上の滑走路を備える種子島・奄美・徳之島・那覇・久米島・宮古・下地島・新石垣・与那国の各空港だけでなく、屋久島・喜界・沖永良部・与論・粟国・慶良間・南大東・北大東・伊江島・多良間・波照間空港も避難民の受け入れに備える必要がある。

港湾法上の「重要港湾」である西之表港（種子島）、名瀬港（奄美大島）、那覇港・金武《きん》湾《わん》港・運天港（以上沖縄本島）、石垣港（石垣島）・平良港（宮古島）はもちろん、和泊港（沖永良部島）、兼城港（久米島）、久部良港（与那国島）などの漁港や突堤、砂浜にも避難民が小型漁船等で到着するだろう。

そうした難民の中には工作員が紛れ込んでいる可能性も高い。

「摩擦」の発生と不測の事態

中国軍は、台湾完全占領のため繰り返し図上演習と実動演習を行い、周到な準備の下に、勝利を確信して作戦を開始するはずだ。

一方の台湾軍は、祖国防衛の揺るぎない信念を堅持し、徹底的に抗戦する。

クラウゼヴィッツは『戦争論』の中で「摩擦」という概念を導入し「戦争においては、机上の計画では到底考えられないような無数の小さな事情のために、最初の目標を下回り、所期の目標のずっと手前にしか到達しない」と説明している。摩擦とは、予測不能な自然現象や偶発事件が発生し、それを克服する技術が欠如していたり、心理的に混乱したりするなど戦争を計画どおり実行できなくなることを言い換えたものである。

中国軍の判断ミスや過誤、日米両国及び西側諸国の行動によって「摩擦」が発生し、結果を予想することはきわめて困難である。摩擦の概念を取り込みながら、可能性が高いと思われる〝戦争の結末〟シナリオを予測してみたい。日米の参戦は、第2部の「米軍の行動に関連して波及」するシナリオを前提としている。

【上陸開始の数日前】

（アメリカ）

ワシントンの連邦議会では修正台湾関係法案を圧倒的多数で可決した。「中国の武力侵攻が発生した場合、軍事力を行使し台湾を防衛する。そのため、米軍は台湾軍との共同防衛作戦を調整する」との趣旨である。

国防総省は、グアム及び沖縄に備蓄している携帯対戦車ミサイル、携帯対空ミサイル、攻撃型ドローンなどを花蓮空港に空輸する準備を始めるようインド太平洋軍に命じた。

ハワイのインド太平洋軍司令部では、同司令部の前方指揮所を開設するため、副司令官を長とするチーム02を台湾に派遣した。なおチーム01は日本の統合司令部（東京）に派遣している。

（中国）

新疆ウイグル自治区では、ウイグル族過激派が漢民族の住宅地区、警察署、通信施設に火炎瓶を投げるなどテロ活動を活発化していた。武装警察は取り締まりを強化し、同区を担当する西部戦区司令部は大規模暴動に備えて厳戒態勢に入った。

【Xデー：上陸日】

（台湾）

丘陵地帯や山地・森林地域に巧妙に隠掩蔽された台湾軍の陣地から対艦ミサイル〝雄風Ⅱ型〟が多数発射された。艦隊防空システムを搭載した中国版イージス艦によりその多くが撃墜されたが、数発が中国海軍のフリゲート艦とミサイル駆逐艦に命中、大破させた。次いで、トンネル型バンカーなどに隠されて温存していた台湾空軍の戦闘機が発進し、スタンド・オフ攻撃で空対艦ミサイルを発射したが、同じく中国軍の艦隊防空システムにより迎撃された。

前日、数隻の中国海軍掃海艇が機雷掃海作業中に触雷し沈没したが、おおむね上陸正面の掃海作業は完了しており、予定通り第一波の部隊が台北市・台中市・台南市正面の海岸に上陸を開始した。

第一波で上陸した海軍陸戦旅団が多数の大隊戦闘群をもって海岸堡を確保し、第二波の機械化合成旅団などの重戦力を上陸させて空港・港湾などを確保する。第三波以降の部隊は確保した空港・港湾を利用して揚陸させる計画である。

上陸海岸では残存している台湾軍の防御部隊と中国軍上陸部隊との間で激しい地上戦が開始されていた。

上陸地域近傍の市街は、爆撃・砲撃により炎上し激しい炎を噴き上げ、その黒い煙が空を覆っていた。海岸では破壊された戦車や装甲車が燃え上がり、焼け焦げた兵士の死体が散乱し、さながら地獄絵図の様相を呈していた。

中国軍は台湾海峡にある澎湖諸島を急襲した。澎湖島及び漁翁島、白沙島に配備された台湾軍澎湖防衛隊と激しく交戦し、数時間後に3島を攻略した。


（東京）


与那国島西方空域を飛行中だった海上自衛隊第5航空群の哨戒機が、中国海軍駆逐艦から発射された艦対空ミサイルにより撃墜された。

日本政府は安全保障会議緊急大臣会合を開き、海自哨戒機に対する中国軍の攻撃を武力攻撃事態に認定した。すでに米艦防護のため防衛出動を命じられている護衛艦隊に加え、全自衛隊部隊に防衛出動を命じた。

ついに中国との直接軍事衝突の火ぶたが切られたのだ。

（与那国町）

与那国町役場では、国民保護法に基づく政府・県からの全島避難指示によって、町民1712名の避難が決定された。久部良港の港外には沖縄県が手配した客船が停泊していた。与那国町の海運会社所属のカーフェリー2隻に町民たちを乗船させるため、町役場の職員が慌ただしく作業にあたっていた。

（アメリカ）

ホワイトハウスではブルックス大統領（仮名）による緊急の記者会見が行われた。

「本日、中国軍の台湾侵攻が開始された。中国による許しがたき蛮行であり、国際社会に対する挑戦である。アメリカはいかなる状況になろうとも台湾を防衛する責任がある。インド太平洋軍に出動を命じた」

記者の質問に対して大統領は、「中国との全面的な衝突は望まない。台湾海峡を含む台湾領域内の侵略軍を排除するのみだ」と全面戦争を避ける考えを示した。

国連事務総長が「中国の行為は国連憲章に違反する行為であり、ただちに停戦し、軍隊を中国本土に引き揚げるべきである」と声明を出した。

国連安全保障理事会は緊急理事会を開催し、中国に対する非難決議を審議したが、中国が反対し、ロシアが棄権するなど足並みがそろわず、米中代表が互いに声を荒らげて怒鳴り合うように相手を非難した。

【上陸2日目】

（アメリカ）

ワシントンの連邦議会ではブルックス大統領が再度演説を行い、米軍に台湾海峡への出撃を命じた。

「中国の台湾への上陸侵攻は、国連憲章違反である。即時、攻撃を中止し停戦するとともに上陸部隊を撤収すべきである。侵略が続くなら修正台湾関係法により、アメリカは同盟国・同志国とともに台湾を防衛する」

（ハワイ）

インド太平洋軍司令部では台湾防衛作戦の作戦会議が行われ、ロバートソン司令官が状況について確認した。

「台湾海峡の状況はどうだ」

「数百隻の民間貨物船が軍事物資と兵員を満載し海峡を航行中です」と情報部長が説明した。

司令官は、海上輸送破壊作戦について作戦部長に確認した。

「明日から戦闘機・戦闘爆撃機の空対艦ミサイル、水上艦、潜水艦の巡航ミサイルによって、中国軍海上輸送船団に対する攻撃を開始します。なお我が艦隊護衛のため日本の海空自衛隊の艦艇・戦闘機が作戦に参加します」

最後にロバートソン司令官が静かに言った。

「ワシントンからの命令は、中国本土は絶対に攻撃してはならないとのことだ。全面核戦争は避けなければならない」


【上陸3日目】

未明から米軍のミサイル攻撃が開始された。

中国海軍艦艇の迎撃にもかかわらず、多数のミサイルが貨物船に命中し、爆発炎上しながら海没していった。

中国ロケット軍も反撃する。米空母を目標とし、移動式発射機から多数の通常弾頭ミサイルＤＦ―21Ｄを発射した。日米のイージス艦が迎撃したが、うち１発が空母ロナルド・レーガンの前部甲板に命中した。意図的に弾頭を無力化した対艦弾道ミサイルは爆発こそしなかったが、その運動エネルギーの破壊力は凄まじく、ロナルド・レーガンは船首部分を大きく破壊されて前方に傾き、航行不能となった。

台湾海峡北部海域における米軍対中国軍の航空戦は、空対空ミサイルなどを撃ち合う激しい空中戦が数時間続き、両軍ともに多くの損害を出して終了した。

ロナルド・レーガンが大破したため、母艦に着艦できない米海軍機は石垣島の空港に緊急着陸していた。


（南京）

南京市にある東部戦区司令部の地下作戦センターでは、林東部戦区司令員が後方勤務部長に作戦状況を確認していた。

「DF―21Dにより米空母1隻を大破できたのは大いなる戦果だ。輸送船団の被害はどうなっている」

「現在、報告を受けている最中ですが、かなりの数が沈められるか大破しており厳しい状況です。何とか米軍の攻撃を阻止しなければ台湾本島上陸部隊が孤立します」

作戦部長がある提案を行った。

「司令員。嘉手納基地を攻撃して航空作戦を阻止してはどうでしょうか」

「だめだ。習主席（中央軍事委員会）から、日本の自衛隊基地は良いが、在日米軍基地の攻撃は全面核戦争につながる恐れがあるので攻撃してはならないとの命令だ。あくまでも我が作戦を妨害する米海空軍の戦闘機や艦艇が目標だ」

「それでは日本の与那国島、石垣島、宮古島の空港を無力化する航空攻撃を行いたいと思います」

「分かった」

「与那国島及び尖閣諸島魚釣島に対する攻撃作戦の発動も行います」

3000メートル級の高峰・中央山脈を越えて台湾東部沿岸に空中機動作戦を仕掛けることは困難である。したがって取り得る唯一の方策は上陸作戦となる。

中国軍は、海上機動する揚陸艦隊を台湾東部に安全に航行させなければならない。そのため、与那国島の占領を計画したのだ。

尖閣諸島周辺海域には数百隻の中国漁船が押し寄せた。尖閣諸島の確保は核心的利益の獲得であり、中央軍事委員会政治工作部からの命令である。

海上保安庁の巡視船は、危害防止の観点から同海域を離れていた。この海域にいた中国貨物船が魚釣島沖に進み、乗船していた中国海軍陸戦隊員が小型ボートで上陸した。

（東京）

和田防衛大臣は統合司令官が全自衛隊部隊を指揮するよう命じた。統合司令官は防衛計画、及び日米共同作戦計画によって各部隊に作戦命令を発した。事前配置部隊として宮古島、石垣島、与那国島に1個即応機動連隊を配置する計画である。

さっそく、空自輸送機による即応機動連隊の空輸準備が開始された。主力の第8師団及び第14旅団、第12旅団は輸送艦などを利用して逐次投入することになっている。

第1空挺団は鹿児島空港に移動を開始した。

【上陸4日目】

宮古島及び石垣島に即応機動連隊の先遣部隊が到着するのとほぼ同時に、中国軍のミサイル攻撃が開始された。

与那国島に配置予定の即応機動連隊は石垣島を経由して移動する計画で、その先遣部隊は石垣島に待機していた。

（石垣島）

石垣島では自衛隊の防空網を突破した中国軍の巡航ミサイルが自衛隊石垣駐屯地及び新石垣空港、石垣港、火力発電所、通信塔に次々に命中した。

石垣島は沖縄県の八重山《やえやま》諸島に位置し、沖縄本島・西表島に次いで大きな島である。行政区は石垣市になり、人口は4万9485人、八重山諸島の政治・経済・文化・交通などの中枢である。那覇市からは410キロ、与那国島からは127キロ、台湾からは270キロの距離にある。おおむね五角形の島の面積は222平方キロ、島の北東端から北東方向に、野底《のそこ》半島及び平久保半島が細長く突き出す。島の中央には、沖縄県で最高峰である標高526メートルの於茂登岳《おもとだけ》がある。この山の山腹から島最大の河川である宮良川《みやら》が流れている。島の南部は隆起サンゴ礁の平地が多く、人口はこの地域に集中している。

陸海自衛隊も反撃を開始した。

石垣島南東海域の護衛艦、及び東シナ海の潜水艦から巡航ミサイルのトマホークを発射。石垣島の森林地帯に展開した射撃陣地からは12式地対艦ミサイル改が発射され、尖閣諸島沖、与那国島沖合の中国艦船に大きな損害を与えた。

中国海軍の戦闘爆撃機が海自護衛艦に向けて空対艦ミサイルを発射。石垣島に対する巡航ミサイル攻撃を再開した。


（与那国島）


与那国島では全島避難が完了し、自衛隊のみが在島していた。中国軍の電子戦攻撃により島外とのすべての通信連絡が不通になっていた。

与那国島（町）は東西に長い瓢簞形をしており、島の西端の西崎《いりざき》は日本の最西端にある。沖縄県の八重山諸島に属し、東京から約2000キロ、那覇市から509キロ、石垣島から120キロの位置にある。台湾までは110キロほどしかなく、気象条件の良い日には台湾が肉眼で確認できるほどの近さである。

面積は28・95平方キロ、島の外周は約28キロ、西から標高198メートルの久部良岳、標高167メートルの与那国岳、標高164メートルのインビ岳、標高231メートルの宇良部岳と連なっている。島の南岸は波で浸食されて断崖絶壁が多数ある。

与那国空港には多数の中国軍輸送ヘリコプターが着陸し空港を占拠した。次いで海上に停泊していた貨物船から重装備の中国軍が上陸し、陸上自衛隊与那国駐屯地を包囲した。

与那国駐屯地は早朝から巡航ミサイル及び自爆ドローンによる攻撃を受け、監視施設や燃料施設・弾薬庫が破壊されていた。侵攻した中国軍と自衛隊の戦闘が数時間続いたが、軽戦車などの戦闘車両を多数装備する中国軍が自衛隊を圧倒し、与那国沿岸監視隊は武装解除された。


（尖閣諸島）

尖閣諸島魚釣島には、中国海軍陸戦隊の１個中隊が上陸し中国国旗を掲揚していた。彼らは奈良原岳の谷地などに天幕を張り、岳の中腹に対空監視哨を設けて警戒配備に付いていた。部隊に対する補給や兵員の交代などは、沖合に遊弋する貨物船が担っていた。

沖縄県石垣市に所属する尖閣諸島は、魚釣島、北小島、南小島、大正島などの無人島から構成され、総面積は5・56平方キロメートルある。

魚釣島は尖閣諸島の最西端に位置する諸島内で最大の島で、東西3・5キロ、南北1・3キロ、面積は約3・6平方キロ。南側は急峻《きゅうしゅん》な崖になっている。島内には標高362メートルの奈良原岳及び標高320メートルの屛風岳がある。

（東京）

与那国島、尖閣諸島魚釣島が中国軍に占領される事態は、日本政府に衝撃を与えた。

岸本有介総理大臣（仮名）は自衛隊統合司令官に両島の奪還を命じ、アメリカ政府に日米安保条約の早期発動を要請した。

防衛省の地下にある中央指揮所では、防衛大臣及び統合幕僚長以下の幕僚が最高指揮官である岸本総理の視察を受けていた。

「我が国は、与那国島及び尖閣諸島魚釣島に中国軍が侵攻するという未曽有の国難に直面している。我が国の領土は我々の力で奪還しなければならない。陸海空自衛隊は総力を挙げて作戦を遂行してもらいたい」

日米共同作戦調整所の作戦会議において、台湾作戦における日米の作戦分担が次のように決められた。
日本側主導の作戦：与那国島—台湾海峡及び先島諸島
米国側主導の作戦：バシー海峡及び台湾東部沿岸及び太平洋地域

大破した空母ロナルド・レーガンには護衛として海自護衛艦が付き、2000トン級の大型タグボート3隻によって横須賀へと曳航《えいこう》されていった。
米海軍セオドア・ルーズベルト空母打撃群は海自イージス艦及び石垣島に増援された空自パトリオット・ミサイルと、陸自03式中距離地対空誘導弾（新中SAM）の厚い防空網に護られて石垣島南西海域付近に展開し、ニミッツ空母打撃群はバシー海峡入り口付近の太平洋に展開していた。

【上陸5日目】

米英豪政府（AUKUS）と日本政府首脳が緊急テレビ会議を行った。
ハワイでは外務・防衛相会談＝2＋2《ツープラスツー》を開催した。会談後の記者会見で米国務長官が

「米英豪及び日本政府は共同してこの事態に対処する。アメリカ及び同盟国ならびに同志国は、軍事力を含めてあらゆる方法で台湾を支援する」と発表した。

ブリュッセルにあるＮＡＴＯ本部では、加盟30ヵ国の代表が参加する理事会が開催され、一部の国から台湾との国交がないことを問題視する発言が出たが、台湾に対する軍事援助に踏み切ることが了承された。

日米豪印政府はクアッド首脳によるテレビ会談を開催し、台湾支援とインド太平洋地域の平和と安定を再構築することで一致した。

（台湾）

台湾本島では、中国軍と台湾軍の戦闘が苛烈さを増していた。

台北市西部地区で攻撃する中国軍大隊戦術群は、戦車を先頭にロードローラーのように力押しで前進し、台湾軍陣地を発見し確実に潰す戦法を取っていた。中国軍の攻撃目標は新北市八里にある台北港である。台北港の巨大なコンテナ埠頭は、中国軍北部方面軍の兵站物資の集積に欠くことができない要地となる。

対する台湾軍は、対戦車障害や淡水河等の河川障害前で攻撃を一時停止し、障害処理や

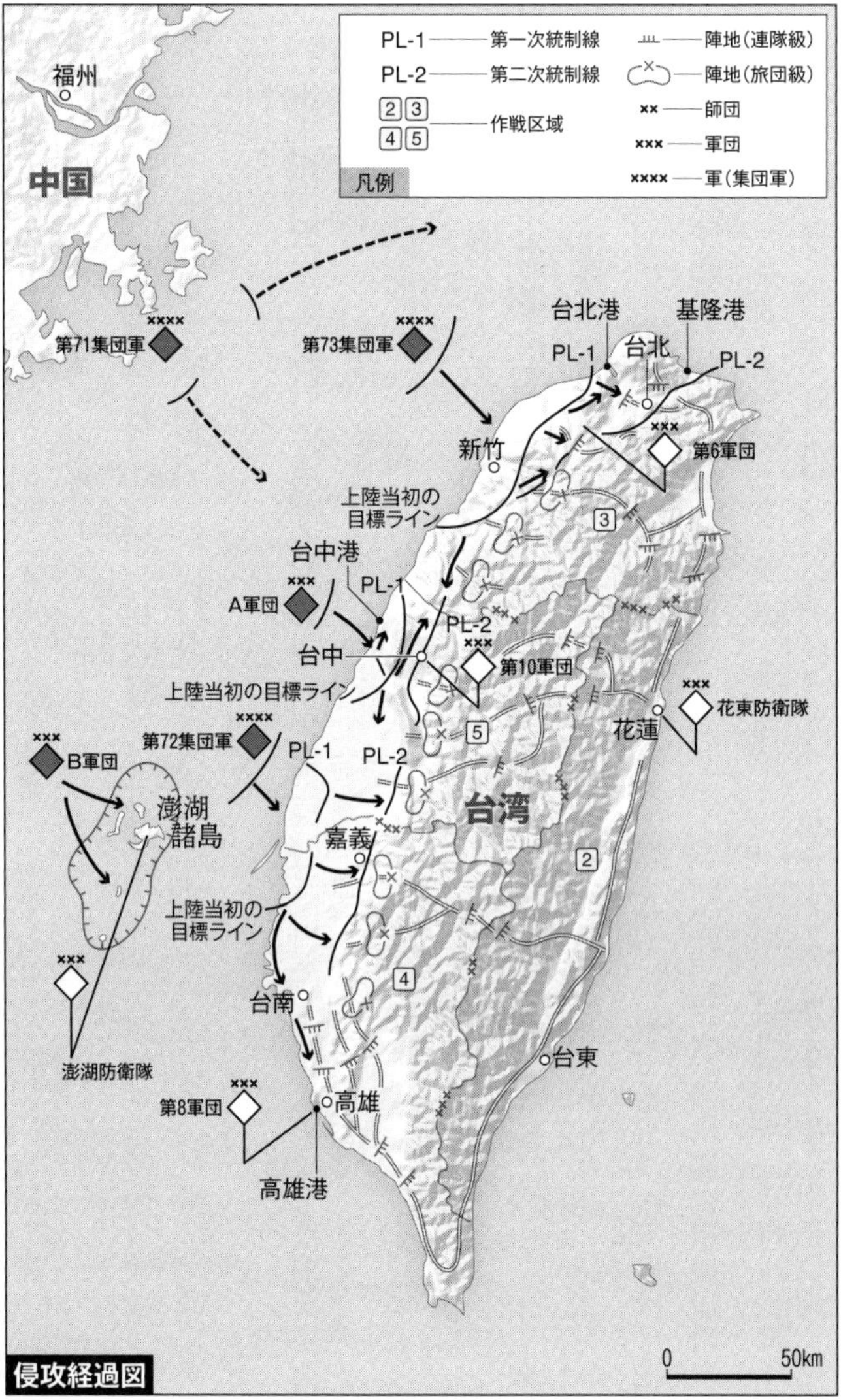
PL-1 第一次統制線
PL-2 第二次統制線
2 3 4 5 作戦区域
陣地（連隊級）
陣地（旅団級）
×× 師団
××× 軍団
×××× 軍（集団軍）
凡例
福州
中国
第71集団軍
第73集団軍
台北港
基隆港
台北
PL-1
PL-2
新竹
第6軍団
上陸当初の目標ライン
台中港
A軍団
PL-1
PL-2
台中
第10軍団
上陸当初の目標ライン
第72集団軍
B軍団
PL-1
PL-2
花蓮
花東防衛隊
澎湖諸島
台湾
嘉義
上陸当初の目標ライン
台南
澎湖防衛隊
第8軍団
高雄
高雄港
台東
0 50km
侵攻経過図

架橋作業を行う中国軍に砲迫射撃（榴弾砲と迫撃砲による射撃）を集中。混乱したところを対戦車ミサイルで一斉に攻撃した。

新竹から桃園の海岸部には中国軍の巨大な応急埠頭が完成し、陸揚げを待つ貨物船が遠く海上まで列を作って停船していた。砂浜から続く平野部には、巨大な兵站集積所が完成した。

台中市正面海岸に上陸した中部方面軍は台中港を、台南市正面海岸に上陸した南部方面軍は台湾最大の港・高雄港を目標に激しい攻撃を続けていた。

中国軍は内陸部の丘陵方向に向かっても進軍していた。

台湾軍は丘陵地帯に反斜面陣地（自軍と敵軍の間の丘陵線の敵軍方向とは反対斜面に構築した陣地）を構築し、陣地位置を秘匿して不意急襲射撃による戦闘を行った。森林地帯に砲迫陣地を隠蔽し、ドローン攻撃から防ぐなどの強靱な防御戦闘である。台湾軍は中国軍の電子戦攻撃を予想し、有線及び短距離トランシーバーを使用して部隊間の指揮連絡を確保していた。事前に弾薬や燃料、食料・水などをジャングルや錯雑地形を利用したトンネルや地下壕に集積し、長期間の戦闘にも持ちこたえられる準備を行っていた。

（中国）

東部戦区地下作戦センターでは林司令員が作戦部長の戦況報告を受けていた。

「各方面軍とも目標の港湾まで数キロの地点に進出しています。数日で確保可能かと思われます」

「台北、台中、高雄港を確保できれば飛躍的に補給速度が上がる。米軍の動きはどうだ」

「大破した空母1隻は戦列を離れました。1個空母打撃群がバシー海峡付近、1個空母打撃群が日本の先島諸島南の太平洋にいます。我が軍の対艦弾道ミサイルにより空母が攻撃されて活動が鈍くなっています」

「米軍及び西側諸国等の本格的な軍事介入前に台湾を制圧する必要がある。各方面軍の攻撃前進を急がせろ」

（ハワイ）

ロバートソン司令官が、日・英・豪軍司令官とテレビ会議を行っていた。

「大破したロナルド・レーガンは乗員約500名が死傷し横須賀に回航中だ。残る2隻の空母打撃群の対空防護を強化し、数日以内に2個海兵沿岸連隊を宮古島、石垣島に配置する。これによって自衛隊とともに中国軍の攻撃を抑止する」

次に、イギリス艦隊司令官が発言した。

「クイーン・エリザベス空母打撃群が間もなくフィリピンのエンガニョ岬沖に到達する。そのまま北上させ台湾東部沖で米海軍の作戦に加わる」

続いて、豪艦隊司令官。

「強襲揚陸艦キャンベラが間もなくバシー海峡付近に到達し、米海軍と作戦行動を行う。同じくアデレードが石垣島南西の太平洋上で海上自衛隊の艦隊に合流する」

最後に、自衛隊統合司令官が説明した。

「護衛艦『かが』を中心とした第4護衛隊群はニミッツ空母打撃群を護衛中である。護衛艦『いずも』を中心とした第1護衛隊群及び掃海隊群が石垣島南西海域において与那国島及び魚釣島奪還作戦の準備中である。この作戦に米空母セオドア・ルーズベルト及び豪強襲揚陸艦アデレードが参加する。作戦開始は2日後である」

テレビ会議後、ロバートソン司令官は今後行われる台湾海峡での作戦について作戦部長の報告を受けた。

「海上輸送破壊作戦について説明します。自立型無人潜水艇150隻をバシー海峡北側、台湾の恒春鎮沖から発進させます。潜水艇は台湾暖流に乗り、澎湖諸島西側から台湾海峡を進み、中国軍の貨物船を急襲します」

「AI搭載の水中ドローンだな」

アメリカ国防高等研究計画局は中国による台湾侵攻をにらんで、海上・海中ドローンの研究開発を進めてきた。海中システムとして長距離・長時間の作戦が可能な大型無人潜水艇、および自律航行によって数ヵ月間にわたって長距離で運用し潜水艦を探知することができる潜水艇、海上システムとして一部が海上に露出し、母艦とリアルタイムで通信可能な半潜航艇などである。

ウクライナ戦争では、史上はじめて自爆海上ドローンが実戦に投入されロシア黒海艦隊を襲撃した。これは、米軍からウクライナに供与されたものという説がある。

「偵察衛星からの目標情報を受信して大型貨物船を選定し攻撃します。また、水上ドローンを囮《おとり》として澎湖諸島東側の澎湖水道方向から前進させる予定です」

太平洋空軍司令官が補足した。

「極超音速ミサイルに搭載するARRW（空中発射型即応兵器）を同時に投入する予定で

す」

米陸軍は２０２３年9月までに地上発射型、射程２７７５キロの長距離極超音速兵器（ＬＲＨＷ、滑空タイプ）の運用を開始し、海軍は主要部を陸軍型と共通化した通常即応攻撃ミサイル（ＣＰＳ）の運用を20年代半ばに始める予定である。また空軍は、射程１６００キロのＡＲＲＷの運用を２０２３年内に開始し、あわせて極超音速巡航ミサイル（ＨＡＣＭ）の発射試験を予定している*37。

「攻撃開始はいつ頃になる予定だ」

「生産を急がせても、早くて１ヵ月後になるかと思われます」

「その間は、航空攻撃やミサイル攻撃のみだな……台湾軍には頑張ってもらうしかない」

（東京）

統合司令部地下指揮所では統合司令官以下が参加して与那国島・魚釣島奪還の作戦会議が行われていた。

与那国島を奪還するために立案されたのは、まず空挺団を降下させたのち、水陸機動部隊が上陸する作戦である。作戦について、防衛部長が報告した。

「与那国島に上陸した中国軍は空中突撃旅団の２個大隊基幹約１５００名程度であり、現在その主力は祖納《そない》地区に集結しているものと判断されます。奪還部隊は、第８師団第12連隊戦闘団、第２水陸機動連隊及び第１空挺団、指揮官は第８師団長。現在、空挺団は鹿児島空港に、師団主力は、海自輸送隊により海上機動中です。明日２２００《にいにいまるまる》（午後10時）、与那国島東《あがり》牧場地区に第１空挺団を夜間降下させ在島中国軍を正面から攻撃させます。翌早朝０４００《まるよんまるまる》に水陸機動連隊を比川浜《ひがわはま》に先遣部隊として上陸させ、その掩護下に第12連隊戦闘団を上陸させます。上陸後、両部隊をもって中国軍を後方から攻撃します」

続いて火力幕僚の報告。

「上陸開始前に、護衛艦『いずも』搭載のＦ―35Ｂ、米空母及び豪強襲揚陸艦の艦載機によって上陸準備打撃を行います」

与那国島への上陸は、島北部のナンタ浜及び南部の比川浜の２ヵ所に限定され、敵火力の集中射撃を受ける。自衛隊側も空挺及び強襲上陸を併用して作戦を行うことになるが、島は狭く降下適地や上陸適地も限定されるため自衛隊員の犠牲も多くなると予想される。

上陸支援打撃が航空攻撃のみだと気象条件に左右され、飛行時間の関係から継続的な火力支援が制約され、臨機目標射撃ができなくなるなどの課題がある。海上自衛隊は強襲揚陸艦を保有しておらず、揚陸能力にも課題があると言える。

【上陸6日〜10日目】

（鹿児島）

鹿児島県霧島市にある鹿児島空港に、C—2輸送機13機が駐機していた。12機は空挺隊員の輸送、1機は弾薬などの物料輸送用である。第1空挺団3個普通科大隊基幹の部隊が夜間降下のために待機していた。

滑走路横のエプロンに搭乗準備で待機している隊員たちは、完全武装の他に主傘18キロ、予備傘7キロを身に付け、加えて30キロの背嚢《はいのう》を持ち、合計60キロの装具を装着して降下する。

空港管理棟1階事務室に設けられた団本部指揮所では、空挺団長の若松政彦陸将補（仮名）が発進前の報告を第3科長から受けていた。

「C—2輸送機は3個編隊、第1編隊の1番から4番機に第1普通科大隊と団本部等、第2編隊の5番から8番機に第2普通科大隊と特科大隊、第3編隊の9番機から12番機に第

3普通科大隊及び後方支援隊を搭乗させます。与那国島に編隊が近接した時点で、輸送機の速度を250キロ以下に下げます。降下地点上空での各輸送機の飛行間隔は1分、降下高度は300メートル。降下は輸送機の両扉同時並行、飛び出し間隔は1秒です。降下完了後に13番機により装備・弾薬等の物料を投下します。与那国島に降下する総員は1070名、重迫撃砲6門。降下開始予定時間は2200です」

「降下高度はもう少し下げられないか」

「離島の気象条件を考慮すると通常の降下高度340メートルから300メートルまで下げるのが限度かと思います」

「降下地域が狭く海に流されるおそれがある。また短時間に降下しなければ敵の目標にもなる。200メートルまで下げろ」

「かなり危険かと思います。降着時の衝撃で負傷者が発生する可能性があります」

「承知のことだ。実戦だ、200メートルで降下させろ」

「了解しました」

「護衛は予定通りか」

空自パイロットの連絡幹部が回答する。

「はい。新田原《にゅうたばる》基地（宮崎県）からF―15戦闘機12機が沖縄本島まで護衛し、同島からは、那覇基地のF―35A戦闘機12機及びF―2戦闘機4機が護衛します」

さらに、降下作戦に同行する空自の前線航空統制官が、

「降下前に、F―35B戦闘機及び米豪艦載機が東牧場と中国軍集結地を空爆します」

と報告した。

2000《にいまるまるまる》（午後8時）、航空輸送隊は1番機を先頭に爆音を響かせて次々に離陸し、南の夜空に消えていった。

（与那国島）

2200、航空輸送隊の1番機が降下地点に接近してきた。機内では投下ランプが赤色（STOP）から黄色（READY）に変わった。

「降下用意！」機内にいる降下長が全員に命じた。号令とともに全員が立ち上がり主傘を自動開傘するための自動索を機内の上に張られたワイヤーにかけた。

機内のランプが青（JUMP）に変わった。

「降下！」

降下長が隊員の尻を叩いた。

輸送機の左右両扉から、1秒間隔で次々と空挺隊員が暗闇の空に降下を開始していった。編隊内の各機間隔は1分、編隊間隔は2分、全員が降下を完了するのに20分ほどだった。

降着した隊員たちは、パラシュートを切り離すと、背嚢を担ぎ、各中隊の集合地点へと急いだ。

第1空挺団は夜間降下後、特科大隊の重迫撃砲の火力支援を受けて祖納集落を前進目標に攻撃を開始した。

祖納集落東側の丘陵地帯で中国軍との戦闘となった。

ドガン！　という音とともに迫撃砲弾が弾着し爆発、火炎をあげた。夜空には両軍の曳《えい》光弾《こうだん》の火線が交差した。

中国軍は日本側の反攻はかなり後のことだと見積もっていた。また日米共同作戦、それに豪軍の協力なども、この時点では予想外だった。

この判断の甘さが与那国島への増援の機会を失う原因となったと言える。ただ、たとえ対策が可能だったとしても人民解放軍主力は台湾西部沿岸の戦闘に全力を傾注しており、大規模な増援には限界があった。

翌日朝、比川海岸付近に第2水陸機動連隊を先遣にした奪還部隊主力が上陸し、祖納集落へと前進を開始した。

自軍陣地の前後からの自衛隊の攻撃に、中国軍は激しく抵抗した。

自衛隊側の戦力は中国軍の3倍以上ある。日米豪軍の航空攻撃の援護もあり、戦況は自衛隊有利に展開した。

戦闘開始から3日後、自衛隊は与那国島の奪還に成功した。自衛隊側にも多数の死傷者が発生するなど、大きな犠牲を払っての勝利であった。

陸上部隊指揮官の若松空挺団長が無線を使用し輸送艦「おおすみ」の師団指揮所にいる第8師団長（奪還部隊指揮官）に作戦完了を報告した。

報告を受け、第8師団長は、輸送艦上で待機していた魚釣島奪還部隊の第43普通科連隊増強ヘリボン中隊に発進を命じた。

（尖閣諸島魚釣島）

魚釣島は岩だらけの孤島で、地積も狭く隠掩蔽に制約がある。敵の侵攻部隊は1個中隊以下と予想された。

奪還作戦では、敵上陸部隊と海上部隊との連携を遮断すれば、ほぼ作戦は成功したといえる。敵は暴露した状態で自衛隊の航空攻撃を受けることになる。また洋上の船舶から継続的に補給支援を受けなければならない。奪還部隊が上陸した時点で敵部隊はほぼ無力化されていると判断していい。

早朝、日米豪の戦闘爆撃機が空対艦ミサイルを発射し、魚釣島沖に遊弋する中国軍貨物船及び警備艦艇を撃沈・大破させた。

第2波の航空攻撃で魚釣島に上陸している中国軍1個中隊に対して波状爆撃を行った。露出した岩山しかない魚釣島には隠れるところが少ない。中国軍は爆撃によってほぼ殲滅状態となった。

陸自の増強ヘリボン中隊が同島に降着し、残敵掃討作戦を実施した。同日夕までに魚釣島の奪還作戦は終了した。

【上陸4週目】

中国軍の侵攻1ヵ月にあたり、花蓮市に移転していた台湾総統府は「中国軍の侵略に対し最後まで戦い抜く。国際社会は中国の蛮行を止めなければならない」と強いメッセージを出した。

中国国防部はあらゆる媒体を使用して「解放軍に抵抗しない台湾市民の安全は完全に保障されている。投降する台湾軍兵士も同じである」と発信していた。

国連安全保障理事会は、ロシア及び中国の反対により理事会が開催されない状態となっていた。常任理事国の米中、非常任理事国の日本が戦争当事者になっていることも異常な状態に拍車をかけていた。

中国、台湾、日本、アメリカの戦争は世界経済に大きな影響を与えはじめていた。特に中国国内では、海路による輸出入がほぼ停止したために経済が大きく混乱しており、公然とした政府批判も出はじめていた。

（台湾）

台北・台中・高雄港を確保した中国軍は、それまでの海岸の応急埠頭による補給から港湾補給へと転換し、陸揚げ速度と量が飛躍的に向上していた。

上陸4週目に入り、中国軍侵攻部隊は当初の進出線とされていた、台北市から高雄市南部までの海岸線、及び海岸から10キロの沿岸地域に進出していた。

台湾北部の雪山山脈、中部から南部の阿里山山脈の山麓部には依然として台湾守備部隊の戦闘陣地が健在していた。それが中国軍機械化部隊の路外機動の障害となり、中国軍はこの地域で攻めあぐねていた。

（台湾海峡海戦）

中国と台湾の間には台湾海峡という巨大な障害がある。これを克服する海上補給作戦が台湾侵攻作戦の成否を左右することになる。

深夜に開始された台湾海峡海戦は、中国軍護衛艦隊対米海軍自律型無人潜水・水上艇、つまり現代戦争史上初の有人艦隊対ドローン艦隊の海戦になった。

中国海軍フリゲート艦は、澎湖水道から出現した水上ドローンを速射砲や機関砲射撃で迎え撃った。その機に乗じて、水中ドローンが澎湖諸島の西部沖合から台湾海峡に忍び込み、大型貨物船を目標に自爆攻撃をかけた。攻撃を受けた貨物船は大きな爆発と水柱を上げ、火炎に包まれながら次々に海没していった。

同時に、台北港、台中港、高雄港にある中国軍の弾薬・燃料集積所に米空軍の極超音速ミサイル攻撃が行われ、大規模な爆発が発生した。


（中国）


東部戦区司令部はパニックに陥っていた。林東部戦区司令員は現状を把握するために厦門の前方指揮所まで来ていた。

「どこから攻撃されたのだ」

「海上護衛司令部によれば、バシー海峡付近から台湾海峡に侵入した水中ドローンだということです」

「どこのドローンか判明しているのか」

「米海軍か台湾軍かは断定できません」

「損害はどの程度だ」

「現在も攻撃は行われています。大型貨物船だけでも数十隻は撃沈されています。おそらく十数個旅団分の弾薬が海没しています。また極超音速ミサイルにより、各方面軍の補給品集積所が攻撃され、数ヵ月分の弾薬及び燃料が失われました」

「作戦にどの程度の影響が出るのだ」

「水中ドローンを掃海し、再度弾薬補給を行うまで、数ヵ月間は大規模攻勢は無理かと思います」

徴用された民間船舶が次々に攻撃されたことで、中国人船員たちの動揺を招いていることも懸念材料だった。

【上陸後5週〜6週】

台湾西部沿岸では台湾軍の逆襲が始まった。

それを掩護する米空軍戦闘機及び台湾軍の損害も大きく、米軍艦艇や戦闘爆撃機を護衛する日本の空自戦闘機も数十機が撃墜されていた。

中国軍の巡航ミサイルや、潜水艦の攻撃により、米海軍艦艇及び海自護衛艦の撃沈・大破などの損害も増加していた。米軍は昼夜を問わず、ミサイルやドローンによって輸送船団を重点的に攻撃した。

輸送貨物船の沈没などの被害は、徐々に中国軍の継戦能力を低下させ、艦艇の損害は日米台湾海軍の損害を上回っていた。

西部海岸地帯から東進した中国軍の侵攻部隊は、山麓付近の台湾軍主陣地と接触した後、消耗戦に陥っていた。

弾薬不足も重なり、攻撃衝力《しょうりょく》は低下しつつあった。中国軍の主たる補給線が海上輸送であるのに比べ、台湾軍の補給は東部沿岸から中央山脈の連絡道を通っての地上輸送で、格段に健在性が優っていた。アメリカや西側諸国の支援を受けて安全が確保された太平洋・東部沿岸部から物資が届けられていた。

（中国）

中国国防部報道官は「台湾海峡の海上補給は台湾市民への生活物資の輸送であり、これをドローンで攻撃することはジュネーブ条約違反である。台湾西部の解放地域にある軍事施設へのミサイル攻撃が続行されるなら、我が軍は核兵器使用も辞さない」と強い警告を行った。

北京の中央軍事委員会では、台湾解放作戦の長期展望についての議論が行われた。会議では、増援を出して作戦を継続すべきとの意見と、停戦により作戦を早期に終了すべきとの意見に分かれ、結論が得られなかった。

習近平主席の周囲では、作戦失敗の責任を追及する声が聞こえはじめていた。

新疆ウイグル自治区のテロ活動は、自治政府の施設を破壊するなど大規模なものになっていた。チベット自治区においても、独立を叫ぶ武装組織が武装警察と衝突するなど混乱が拡大していた。こうした混乱に中央政府は、武装警察のみでは対応困難と判断し、担任戦区司令部に武力鎮圧を命じた。

中国外交部は「新疆ウイグル自治区及びチベット自治区のテロ活動はアメリカの情報機関の扇動であり、断固として鎮圧する」と発表した。

中印国境のインド側のアルナーチャル・プラデーシュ州では、展開していたインド軍が大規模演習を行うと中国側に通告した。中国軍の西部戦区司令部は国境配備部隊に厳戒態勢に入るように命令し、兵士は極度の緊張状態に陥った。

【上陸後数ヵ月】

台湾海峡及び台湾西部沿岸は中国軍の支配地域となった。

一方、台湾東部の沿岸は台湾が支配し、米英豪海軍及び日本の自衛隊が支援していた。西側諸国の軍事援助やその他の支援物資は、米英豪海軍及び海自の海上優勢下にある太平洋から海路で花蓮港や蘇澳港などに運ばれた。

台湾西部の平野部から丘陵部はおおむね中国軍の支配下に入り、中国・台湾の接触線は、中央山脈等の西部山麓付近になっていた。

台湾西部の戦線は膠着《こうちゃく》状態となった。台湾軍は森林地帯や錯雑した山麓で持久戦を戦いつづけた。また台北や高雄市など主要都市市街地ではパルチザンがゲリラ攻撃を行っていた。

（中国）

台北市南西約80キロに位置する新竹市、その新竹市政府庁舎に台湾侵攻軍地上部隊司令部が置かれていた。林東部戦区司令員が作戦指導のために来台し、地上部隊司令員（東部戦区陸軍司令員が兼務）の彭徳仁上将（仮名）が戦況報告を行った。

「地上作戦における台湾軍の抵抗は予想以上です。また海上補給線への米台軍の執拗な攻撃の結果、装備の補充や弾薬の補給などに甚大な損害が出ています」

「戦区海軍司令員からも聞いている。船員が乗船を拒否しているそうだ」

「民生面では、台湾住民への食糧・飲料水、衛生資材など生活支援物資の輸送も滞っています。いまや補給作戦は危機的状況です。このままだと我々の命脈が断ち切られます」

「北京が動き出したようだ。それまで我慢して、なんとしても戦線を押し上げろ」

戦いは消耗戦となり、中国軍の兵士や装備は著しく損耗していた。

海上では、米軍及び台湾軍による海空ドローン攻撃、ミサイルによる攻撃が続く。

スイス・ジュネーブで中国とアメリカ・台湾・日本との停戦交渉が秘密裏に開始された――。


以上が私の想定する戦争の結末シナリオである。

侵攻作戦の結末

中国軍の台湾上陸は成功するのか。

結論から言えばそれは成功する。成功を確信しなければ、中国首脳部が作戦を開始しないからである。だが、作戦遂行の過程でさまざまな事象が発生し、困難な事態が生起する。事前に作成された計画を実戦ではそのまま実行できないと考えるべきである。目的達成を左右する最大の作戦は、上陸に続く地上作戦であり、海上補給作戦である。この段階で中国軍は大きな試練に見舞われるだろう。

米シンクタンクの戦略国際問題研究所（ＣＳＩＳ）は２０２６年に中国が台湾に侵攻するとのシミュレーションを24回実施し、侵攻は失敗するとの報告書を出している*38。「次の戦争の最初の戦闘」と題する同報告書では、台湾海峡の障害と台湾軍の抵抗、そして日米の参戦により、中国軍の作戦は失敗し、艦艇１３８隻、航空機１６１機、死傷者２万２０００人（陸上７０００人）の損害を被ると予想している。台湾側の損失は、艦艇26隻、保有航空機の半数、死傷者３５００人である。

報告書では「侵攻は最初の数時間で台湾の海空軍の大半を破壊する攻撃から開始される。中国海軍は台湾を包囲し、数万の兵士が揚陸艦艇や民間船舶で海峡を渡り、空挺部隊が上陸拠点の後方に降下する。しかし開戦と同時に米軍が介入するなど、ほぼすべてのシナリオで中国軍の侵攻は失敗するだろう。台湾の地上軍は上陸拠点の中国軍を急襲し、日本の自衛隊の支援を受けた米海軍が中国軍の上陸船団を撃沈する」と予測している。

「アメリカが台湾を守るならば、米軍はただちに直接的な戦闘に従事する必要がある」と強調し、アメリカの迅速な介入が台湾防衛には不可欠であるとしている*39。

台湾防衛を担任するインド太平洋軍は、大きな損失を負う覚悟で介入しなければならない。CSISの報告書では、アメリカは空母2隻を含めて艦船7～20隻、航空機270機以上、兵員7000人が死傷すると予測し、日米ともに甚大な損失を受け、アメリカは世界的地位を弱め、中国側も海軍力の壊滅など重大な損失を被るとしている。

しかし、実際に台湾侵攻が行われたとき、CSISの報告書通りになるかは分からない。報告書には政治的なメッセージが含まれていると考えたほうがよい。

この報告書自体が、中国に対して、「どのような形であれアメリカは軍事介入し、その結果中国軍の台湾侵攻はすべて失敗する、だから冒険はするな」とのメッセージを発する役割を担っている。同時に台湾に対して、「ウクライナ国民のように最後まで戦い抜け」と、そして日本に対しては、「犠牲をいとわずアメリカとともに戦い、台湾海峡（台湾）の平和を維持せよ」と伝えているのだ。

シミュレーションの前提は、米軍が迅速かつ本格的に介入すること、そして台湾が早期に降伏しないことである。逆に言えば、米軍の介入前に台湾を早期に降伏させれば中国が勝てることになる。認知領域を含む情報戦がカギになる。

もちろん西側諸国の支援や中国への経済制裁などに加え、台湾の徹底した抗戦により戦線が膠着状態に陥る可能性もある。その場合、中央山脈から西部沿岸部は中国が占領し、東部沿岸部を台湾が確保する状況が長期間続くと予想される。

中央山脈を横断する連絡道は限定されているため、連絡道上の要点を台湾側が確保すれば中国側は容易に突破できないだろう。

台湾は中央山脈を境に東西に分断されることになる。安全保障環境全体として俯瞰すれば、東アジアに朝鮮半島と台湾本島という二つの火種を残す結果となり、インド太平洋地域がさらに不安定化する。

日本の安全保障環境は、いっそう厳しいものになるだろう。

戦線の膠着が続けば、核戦争へと至ることも想定し得る。侵攻した中国軍が海上補給を断たれ、撤退か降伏かの決断を強いられる状況に追い込まれれば、習近平は間違いなく核兵器を使用するだろう。

台湾侵攻作戦には彼の政治生命がかかっており、失敗は許されない。核攻撃が行われた場合には壊滅的な被害が発生し、最悪の場合、米中の核戦争にまで発展してしまう可能性がある。

あとがき

本書を通じて理解していただきたいことは、台湾有事が発生すれば日本の南西諸島及び海域は戦場となり、好むと好まざるとにかかわらず日本は必ず巻き込まれるということである。

日本有事に、国民の生命と財産を守るために、いま何をしなければならないのか。防衛力を抜本的に強化し、抑止力を高めるとともに、政府は事態の推移を的確に読み取り、適切な状況判断に基づいて国民保護や防衛作戦の準備及び防衛作戦を行わなければならない。

私は陸上幕僚副長として、２０１３年９月に行われた自衛隊高級幹部会同の総理主催のレセプションに参加した。

その席上、自衛隊最高指揮官である安倍晋三総理（当時）に質問する機会を得た。

「総理が創設された国家安全保障局が、いざというときに日本の司令塔として役に立ちますね」

「副長。組織を作っても使いこなせるかは政治家次第だよ。その時の総理がいかに使うかだ。有事の際に君たちが全力で戦えるようにするのも政治家だ。政治家の責任は重い」

政治家の矜持について静かに語った安倍総理の顔をいまも忘れない。

一度、戦争が開始されたら多くの自衛隊員や兵士が死傷し、一般市民にも多くの犠牲者が発生する。

もちろん台湾有事が発生しないように、外交努力を最大限に行うことは論を俟《ま》たない。クラウゼヴィッツは「戦争は政治の延長線上にあり、外交が失敗すれば戦争になる」と述べている。外交にはその後ろ盾となる防衛力が必要である。抜本的に強化された防衛力を抑止力として、平和構築の外交手段として政治家は活用しなければならない。

戦争には勝者も敗者も存在せず、あるのは荒廃した国土と多くの人々の犠牲と悲しみである。

２０２３年４月

元中部方面総監・陸将　山下裕貴

〈注〉

＊1 台湾侵攻「今後5年を深く憂慮」前米インド太平洋軍司令官（産経ニュース2022年8月19日配信）
＊2 中国、想定より早い台湾侵攻も（時事通信2022年10月21日配信）
＊3 中国の台湾侵攻能力を見極めろ（『正論』2023年2月号）
＊4 蔡総統掲げる「中華民国台湾」独立か統一、2択を超越（中央社『フォーカス台湾』2020年5月21日）
＊5 ロイター通信（ヤフーニュース2022年10月10日）
＊6 読売新聞（2022年10月17日朝刊6面）
＊7 産経新聞（2022年10月21日朝刊7面）
＊8 朝日新聞（2022年10月17日朝刊2面）
＊9 読売新聞（2022年10月24日朝刊9面）
＊10 習近平の仮面を剝ぐ（城山英巳、『文藝春秋』2022年11月号）
＊11 UNCTAD「REVIEW OF MARITIME TRANSPORT」（2017年9月）
＊12 台湾の防衛構想「将来、日本の参考に」李喜明元参謀総長（産経ニュース2023年1月7日配信）
＊13 読売新聞（2022年10月17日朝刊3面）
＊14 米軍備管理協会資料（2021年）
＊15 台湾の防衛構想「将来、日本の参考に」李喜明元参謀総長（産経ニュース2023年1月7日配信）
＊16 『昭和17年改訂　軍制学教程全』（陸軍士官学校、昭和17年7月発刊）
＊17 V－Dem研究所報告書
＊18 外務省ホームページ「台湾　基礎データ」
＊19 『令和4年版防衛白書』（防衛省、重要影響事態への対応及び226ページ脚注8）
＊20 ロシア軍、ウクライナ国境周辺に最大19万人規模集結か（朝日新聞デジタル2022年2月19日配信）
＊21 「ロシアのウクライナ侵攻の可能性」（戦略国際問題研究所）
＊22 毎日新聞（2022年4月7日朝刊）
＊23 クリミア併合5年　露の暴挙を忘れてならぬ（産経ニュース「主張」2019年3月18日配信）

*24 Pummelled by Ukraine's army, and stymied even by unarmed civilians, the Russian blitzkrieg is faltering (The Telegraph ２０２２年２月27日)

*25 'Game-changing' drones helping Ukraine in battle for the skies (The Times ２０２２年３月２日)

*26 防衛省ホームページ、戦況（米国防省高官・英国防省・ウクライナ軍参謀本部による＝２０２２年３月10日）

*27 防衛省ホームページ、戦況（米国防省高官・英国防省・ウクライナ軍参謀本部による＝２０２２年４月２日）

*28 朝日新聞デジタル（２０２２年２月25日配信）

*29 ウクライナ市民 防衛隊に志願増／ロシア脅威に愛国心触発（北海道新聞２０２２年２月６日朝刊国際面掲載 共同通信）

*30 ウクライナ軍、東部ハルキウ州で「東京都の１・４倍」奪還……露軍「敗走」か（読売新聞オンライン９月12日配信）

*31 Ukrainian forces enter Lyman (*www.theguardian.com*. Guardian News and Media Ltd.. ２０２２年10月１日)

*32 陸軍大佐、収賄罪で起訴　中台統一の「降伏承諾書」に署名（ヤフーニュース２０２２年11月22日配信）

*33 『令和４年版防衛白書』（防衛省、72ページ）

*34 『令和４年版防衛白書』（防衛省、71ページ脚注11）

*35 ロイター通信配信記事（ヤフーニュース２０２２年10月10日配信）

*36 自衛隊「サイバー防衛隊」５４０人態勢で発足…中国は17万人、北朝鮮も６８００人（読売新聞オンライン２０２２年３月17日配信）

*37 毎日新聞（２０２３年３月12日朝刊７面）

*38 中国の台湾侵攻　失敗（産経新聞２０２３年１月11日朝刊３面）

*39 中国の台湾侵攻　失敗（産経新聞２０２３年１月11日朝刊３面）

〈主要参考文献〉

『中華民国国防白書』（２０１９年）
『中華民国１１０年国防報告書』（２０２１年）
『令和４年版防衛白書』（防衛省）
『中国安全保障レポート』２０２２年（防衛省防衛研究所）
『中国安全保障レポート』２０２３年（防衛省防衛研究所）
『中国軍資料』（米陸軍訓練教義本部作成）
『米国議会への年次報告書』２０２１年「中華人民共和国に関わる軍事・安全保障上の展開」（日本国際問題研究所、２０２２年３月）
『国家安全保障戦略』（２０２２年12月16日閣議決定）
『国家防衛戦略』（２０２２年12月16日閣議決定）
『防衛力整備計画』（２０２２年12月16日閣議決定）
『海外事情』２０２２年７・８月号（拓殖大学海外事情研究所）
『東アジア戦略概観』２０２２年（防衛省防衛研究所）
『防衛ハンドブック』令和４年版（朝雲新聞社）
『地球の歩き方「台湾」』２０１８～19年（ダイヤモンド社）
『軍事研究』２０２２年３月号「習近平の台湾侵攻、日本はどうする!?」（ジャパン・ミリタリー・レビュー）
『The Military Balance 2022』（The International Institute for Strategic Studies）

資料篇

中・台・米・日各国の戦力

中国・人民解放軍

2015年から大規模な組織改革を行い、中央軍事委員会の総参謀部、総政治部、総後勤部、総装備部という肥大化した組織各部の権限を分散して中央軍事委員会主席に集中し、統合参謀部・戦区を創設して統合作戦の指揮系統を強化した。

1　中央軍事委員会の改組

・1庁・6部：弁公庁、統合参謀部、政治工作部、後勤保障部、装備発展部、訓練管理部、国防動員部
・3委員会：規律検査委員会、政法委員会、科学技術委員会
・5機関：戦略計画弁公室、改革・編制弁公室、国際軍事協力弁公室、財務監査署、機関事務管理総局

2　5軍種体制

新たに陸軍、海軍、空軍、ロケット軍、戦略支援部隊の5軍種とした。特に戦略支援部隊は宇宙・サイバー・電子戦を担当する重要な軍種として新設された。

3　軍区から戦区体制へ

それまでの7軍区（瀋陽、北京、蘭州、済南、南京、広州、成都）を廃止し、「戦略方面における最高の統合作戦指揮組織」として新たに戦区（東部、南部、西部、北部、中部）を創設した。戦区は連合指揮部及び戦区陸軍、戦区海軍（艦隊）、戦区空軍から構成され、各戦区陸海空軍種がいわゆるフォース・プロバイダーとしてフォース・ユーザーの連合指揮部に部隊を提供する、米軍型の統合組織となった。

（1）　東部戦区

東シナ海の防衛責任を有し、台湾海峡と尖閣諸島及びその周辺における作戦及び台湾と日本に対する作戦を担任していると思われる。

陸軍3個集団軍、1個海軍艦隊、1個海軍航空師団、2個海軍陸戦旅団、2個空軍師団、2個空軍基地、1個ロケット軍基地を有する。中国海警局及び海上民兵のすべての船舶を指揮し、尖閣諸島関連の作戦指揮を行っている可能性が高い。

2020年8月及び9月、台湾付近で一連の軍事演習を実施した。2022年8月にはペロシ米下院議長の台湾訪問に激しく反発し、大規模な軍事演習を行った。

（2）　南部戦区

東南アジア及び南シナ海を含む地域の作戦を担任する。南シナ海を確保し、台湾に対するいかなる作戦においても東部戦区を支援し、中国にとって重要な海上交通路を確保する責任を担っていると思われる。陸軍2個集団軍、1個海軍艦隊、3個海軍陸戦旅団、2個空軍基地、2個ロケット軍基地を有する。必要により、南シナ海「九段線」内で作戦するすべての中国海警局及び海上民兵の船舶を指揮することが可能。

（3）　西部戦区

中国最大の地域を担当し、インドとの紛争や中国西部（チベット地方）における反乱分子の脅威への対処責任を担う。陸軍2個集団軍、2個軍管区、3個空軍基地、1個ロケット軍基地を有する。新疆における作戦の責任を担っている人民武装警察部隊も西部戦区の統制下にある可能性が高い。新疆ウイグル自治区及びチベット自治区における治安作戦に重点を置いている。

（4） 北部戦区

モンゴル、ロシアとの国境地帯の大部分、北朝鮮、黄海の作戦を担う。陸軍3個集団軍、1個海軍艦隊、2個海軍陸戦旅団、1個特殊任務機師団、2個空軍基地、1個ロケット軍基地を有する。

（5） 中部戦区

渤海から中国内陸部へと広がる地域を担い、他の4戦区を連結している。首都防衛、中国共産党指導部の安全確保、他の戦区への戦略的予備軍としての責任を担う。陸軍3個集団軍、2個空軍基地、1個ロケット軍基地を有する。

陸軍

陸上戦力は約97万人で、インド、北朝鮮に次いで世界第3位の規模である。部隊は5個の戦区陸軍、新疆軍区、チベット軍区に編成されている。野戦部隊として複数の合成（混成）旅団からなる13個の集団軍を保有、合計78個の合成旅団が陸軍の作戦基本部隊である。

近年は部隊のコンパクト化、多機能化、モジュール化を進め作戦遂行能力に重点を置いた近代的な軍に改編中で、歩兵の機械化、自動車化を進めている。

1 集団軍

戦区内の戦域レベルの作戦を担当する野戦部隊を集団軍（合成集団軍）として、13個の集団軍を保有する。以下は各戦区に隷属する集団軍である。
・東部戦区：第71集団軍、第72集団軍、第73集団軍
・西部戦区：第76集団軍、第77集団軍、チベット軍区、新疆軍区
・南部戦区：第74集団軍、第75集団軍
・北部戦区：第78集団軍、第79集団軍、第80集団軍
・中部戦区：第81集団軍、第82集団軍、第83集団軍

2　集団軍の隷下部隊

各戦区内の集団軍内の編成は基本的に同じであるが、中部戦区の第81及び82集団軍には各1個の装甲師団が編制されている。
・集団軍司令部：砲兵旅団、防空旅団、ヘリ旅団、化学旅団、整備旅団、特殊作戦旅団

3　旅団の隷下部隊

旅団には重合成旅団（戦車）、合成旅団（機械化）、軽合成旅団（自動車化）の3タイプがある。
・重合成旅団：4個戦車大隊、自走砲大隊、防空大隊、偵察大隊、戦闘支援大隊、整備大隊。兵員5000人、戦車80～112両、自走砲18～27門
・合成旅団：4個機械化大隊、自走砲大隊、防空大隊、偵察大隊、戦闘支援大隊、整備大隊。兵員5000人、歩兵戦闘車120両、自走砲18～27門
・軽合成旅団：4個自動車化大隊、自走砲大隊、防空大隊、偵察大隊、戦闘支援大隊、整備大隊。兵員5000人、装輪装甲車120両、自走砲18～27門

海軍

1990年代から2000年代初頭にかけて急速に近代化され、戦力を拡大して沿海型海軍から外洋型海軍へと一新された。水上艦艇部隊、潜水艦部隊、海軍航空部隊、沿岸防衛部隊、海軍陸戦隊で構成され人員は約25万人。部隊は3つの艦隊に配備され、北海艦隊（司令部：青島）は黄海を、東海艦隊（司令部：寧波）は東シナ海を、南海艦隊（司令部：湛江）は南シナ海を担当している。海上戦力として、総トン数では世界第2位、主要戦闘機数では第3位、潜水艦数では第2位である。

水上艦艇部隊は2隻の空母、近代的かつ高性能の駆逐艦、多数のフリゲート艦、コルベット艦、ミサイル艇、強襲揚陸艦を保有する。空母の運用能力は初期段階だが、3隻目の空母（国産）を就役させ、さらに建造を計画中である。米国に次ぐ世界第2位の空母艦隊を目標としている。潜水艦部隊は通常型潜水艦が多数を占め旧型を更新中である。原子力潜水艦は少数が配備されている。

海軍陸戦隊は遠征型水陸両用戦力で、米海軍と同様に海軍の統制下にあるが、編成・装備は陸軍に近似している。総兵力は6万〜8万人。

1　保有海上戦力

空母2隻、巡洋艦4隻、駆逐艦36隻、フリゲート艦117隻、哨戒艇106隻、機雷戦艦艇57隻、強襲揚陸艦2隻、揚陸艦57隻、揚陸艇60隻、弾道ミサイル原子力潜水艦6隻、攻撃型原子力潜水艦6隻、通常型潜水艦46隻、補助艦艇157隻

・台湾正面を担当する東海艦隊の戦力

駆逐艦（ルーヤンⅢ級等）11隻、フリゲート艦（ジャンカイⅡ級等）23隻、小型フリゲート艦（ジャンダオ級）19隻、揚陸艦（ユージャオ級等）24隻、攻撃型潜水艦（キロ級等）17隻

2　海軍航空部隊

戦闘機、戦闘攻撃機を313機保有する。

・戦闘機

第3世代：戦闘機J－8Fを24機、攻撃機JH－7を120機

第4世代：戦闘攻撃機J－10を23機、J－11を72機、J－15を50機、Su－30を24機

・爆撃機：H－6を45機

・空中給油機：H－6Uを5機

・対潜ヘリ：Ka－28を14機、Z－9を14機、Z－18を4機

3　陸戦隊（海軍）

陸戦旅団は北部戦区（山東省青島）、東部戦区（上海）、南部戦区（広東省湛江）に各2個配置している。

・陸戦隊：6個陸戦旅団、ヘリ旅団、特殊作戦旅団

・陸戦旅団隷下部隊：3個合成大隊、自走砲大隊、対空ミサイル大隊、戦闘支援大隊、整備大隊

空軍

約2250機の作戦機（戦闘機、戦闘攻撃機、爆撃機等）を含む2800機以上の航空機（UAV等は

除く）を保有する世界最大級の空軍の一つで、組織改革と近代化を進めている。航空部隊、空挺部隊、防空部隊、レーダー部隊、電子戦対策部隊、通信部隊からなる。

航空戦力については１９６０年代の第4世代戦闘機を第5世代の最新型多用途戦闘機に逐次更新している。西側諸国空軍に匹敵する早期警戒機、空中給油機、輸送機、電子戦機等の能力を有しているが、米空軍と比較すると少ない。

最新型戦闘機は精密誘導弾を搭載し、スタンド・オフ機能を有し、高性能センサーを備える。

１　保有戦力

戦闘機、戦闘攻撃機（対地攻撃機）を１６２９機を保有する。

・戦闘機

第2世代：戦闘機Ｊ－7を１００機

第3世代：戦闘機Ｊ－8を50機、Ｊ－7Ｅを２４０機、攻撃機ＪＨ－7を１４０機

第4世代：戦闘機Ｓｕ－27を１２７機、戦闘攻撃機Ｊ－10を５２５機以上、Ｊ－11Ｂを１３０機、Ｓｕ－30を73機、Ｊ－16を１７０機以上、Ｓｕ－35を24機

第5世代：戦闘攻撃機Ｊ－20Ａを50機以上

・爆撃機：Ｈ－6Ｈを72機、Ｈ－6Ｋを１００機、Ｈ－6Ｎを4機以上

・電子戦機：Ｙ－8及び9等を17機以上

・早期警戒機：ＫＪ－２０００を4機

・大型輸送機：ＩＬ－76を20機、Ｙ－20を31機以上

・空中給油機：16機
・偵察機：J－8Fを48機
・UAV：26機以上
・台湾正面を担当する東部戦区空軍の戦力
戦闘機（Su－30、J－20、J－16、J－11、J－10）、爆撃機（H－6）を多数配置

2　空挺部隊（空軍）

諸外国では陸軍で保有する空挺部隊が、人民解放軍では空軍に編成されている。中部戦区（湖北省孝感）に配置され、編成は集団軍に類似しているが、支援部隊が少ない。
空挺兵軍：4個空挺兵旅団、空挺兵機械化旅団、空中突撃旅団、航空輸送旅団、特殊作戦旅団、戦闘支援旅団
旅団の隷下部隊
・空挺兵旅団：3個空挺機械化歩兵大隊、自走砲大隊
・空挺兵機械化旅団：3個機械化歩兵大隊、自走砲大隊
・空中突撃旅団：3個空中突撃大隊、牽引式軽榴弾砲大隊

ロケット軍
第二砲兵部隊の流れを汲み、戦略ミサイル部隊及びロケット部隊の運用に加え、長距離巡航ミサイルの

運用を担任している。1000基を超える短距離、中距離、大陸間弾道弾及び300基を超える長距離巡航ミサイルを保有。

戦略支援部隊

2016年創設。国家規模の宇宙・サイバー・電子戦の任務に加えて、大規模な軍事作戦に対する情報支援及び情報作戦を担任する統合部隊。軍事組織及び非軍事組織から集められた多数の特技要員により組織されている。人民解放軍と非軍事組織及び産業界との協力関係を強化することを目的に「軍民融合」の取り組みも支援している。

情報活動を戦略的情報と戦術的情報に区分し、戦略的情報は国家が長期的に取り組む分野、戦術的情報は人民解放軍を直接支援する情報収集活動とする。戦術的情報は具体的には電波情報、電子情報、航空写真及び衛星写真の解析などである。

連合後方勤務保障部隊

2016年創設。統合合同兵站支援を提供する兵站システムの基幹で、現代戦に不可欠な、統合化され無駄のない効率的な兵站システムを構築しようとしている。

予備役部隊

1983年創設。1990年代から2000年代にかけて専門化が進んだ。総数約51万人、陸軍予備役、海軍予備役、空軍予備役、ロケット軍予備役からなる。

準軍隊

1　人民武装警察部隊

中央軍事委員会の指揮下にある中華人民共和国の武装力の構成要素の一つで、人員数は約66万人。主たる任務は、国内治安の確保、海洋法の執行、有事の際における人民解放軍への後方支援、災害派遣。内衛総隊、機動総隊、海警総隊から構成され、内衛総隊は各省、直轄市、各自治区を管轄する。機動総隊は管轄地域を持たず、2個の機動分遣隊からなり、機動分遣隊は複数の支隊を保有する。

2　海警総隊（中国海警局）

人民武装警察部隊に従属し、中華人民共和国の海洋主権の執行、監視、漁業資源の保護、密輸対策など海洋権益の保護にあたる。

2010年以来、大型巡視船隊（1000トン以上）は約60隻から130隻以上に拡大し、世界最大の沿岸警備隊となっている。新造船は能力向上型となりヘリコプター格納庫及び大型放水砲、30ミリから76ミリまでの機関砲を搭載する。70隻以上の高速哨戒戦闘艇（500トン以上）、沿岸巡視艇400隻以上、近海・河川巡視船約1000隻を保有する。

3　中国海上民兵

動員可能な民間人からなる予備戦力。この組織には中央組織が存在せず、市町村及び企業単位に組織されている。いわゆるグレーゾーンにおいて、中華人民共和国の政治目的を達成するための活動で主要な役割を果たす。多くの海上民兵船舶は人民解放軍海軍及び中国海警局とともに訓練を行い、海洋権益の保護、監視・偵察、兵站支援、捜索・救難といった任務において海軍及び海警局を支援している。

台湾軍

台湾軍の地上戦力は、海軍陸戦隊を含めて約10万4000人。陸軍は第1から第5の作戦区に部隊を配置している。海上戦力は、米国から導入されたキッド級駆逐艦のほか国産のコルベット艦などを保有し、艦艇の国産化を推進している。2026年までに国産コルベット「沱江」級を11隻、2023年中に潜水艦を8隻建造する計画が進められている。航空戦力は、F‐16（A及びB型、V型）戦闘機、国産の経国戦闘機などを保有している。

1951年から徴兵制を敷いていたが、2018年末までに志願制に移行した。ただし4ヵ月間（2024年からは1年間）の軍事訓練を受ける義務は残っており「志願制・徴兵制の併用」と台湾国防部は説明している。

有事の際の予備戦力は陸海空軍合わせて約166万人が動員可能と見られている。2022年1月には予備役や官民の戦時動員に関わる部署を統合した「全民防衛動員署」が設置された。

陸軍

陸軍司令部を桃園市に置き、防衛作戦区を設定し部隊を次のように配置している。

・第1作戦区（澎湖諸島）：澎湖防衛部隊

・第2作戦区（本島東部、太平洋側）：花東防衛隊
・第3作戦区（台北市を中心とした北部）：第6軍団
・第4作戦区（台南市を中心とする南部）：第8軍団
・第5作戦区（台中市を中心とする中西部）：第10軍団
・馬祖島：馬祖防衛部隊
・東引島：東引地区防衛部隊
・金門島：金門防衛部隊
総兵力約9万人、戦車565両、軽戦車625両、装甲車1220両、ヘリコプター273機

海軍

海軍司令部を台北市に置き、4ヵ所に海軍基地を設けている。
・基隆基地（台湾北部・基隆市）：巡防艦隊
・蘇澳基地（台湾東北部・蘇澳鎮）：駆逐艦隊、駆潜艦隊
・左営・高雄基地（台湾南部・高雄市）：艦隊司令部、駆逐艦隊、掃海艦隊、揚陸艦隊、潜水艦戦隊、陸戦隊司令部、対潜航空大隊
・馬公基地（澎湖島・馬公市）：駆逐艦隊
ミサイル駆逐艦4隻、フリゲート艦22隻、哨戒艇44隻、機雷敷設艦10隻、補給艦4隻、揚陸艦9隻、潜水艦4隻、航空機59機、陸戦隊約1万4000人、水陸両用戦闘車225両

空軍

空軍司令部を台北市に置き、8ヵ所に基地を設けている。

・松山基地（台北市）：松山基地司令部
・新竹基地（新竹市）：第2戦術戦闘機連隊
・清泉崗基地（台中市）：第3戦術戦闘機連隊
・嘉義基地（台湾南西部・嘉義市）：第4戦術戦闘機連隊
・台南基地（台南市）：第1戦術戦闘機連隊
・屏東基地（台湾南部・屏東市）：第6混合連隊
・志航基地（台湾南東部・台東市）：第7戦術戦闘機連隊
・花蓮基地（台湾東部・花蓮市）：第5戦術戦闘機連隊

F－16戦闘機141機、ミラージュ戦闘機55機、経国戦闘機127機、F－5戦闘機87機、早期警戒機6機、対潜哨戒機12機

アメリカ・インド太平洋軍

ハワイ州オアフ島の海兵隊キャンプ・スミスに司令部を置く。米国の11個の統合軍の一つでもっとも歴史がある。管轄地域は太平洋及びインド洋、オセアニア・東アジア・南アジア。

太平洋陸軍

・アラスカ陸軍（アラスカ州）

・第8軍（韓国）：第2歩兵師団

・第1軍団（ワシントン州）：第7歩兵師団、第25歩兵師団、第11空挺師団

・在日米陸軍（座間市）

太平洋正面の兵力は在日米陸軍約2500人を含めて約3万5000人。

太平洋艦隊

・第7艦隊（横須賀市）

・第3艦隊（カリフォルニア州）

・在日米海軍（横須賀市）

艦艇約200隻、太平洋正面の兵力約3万8000人を擁している。第7艦隊は1個空母打撃群を中心に構成されている。

太平洋海兵隊

・第1海兵遠征軍（カリフォルニア州）

・第3海兵遠征軍（うるま市）

日本には第3海兵師団やF—35Bを有する第1海兵航空団などを配置。太平洋正面の兵力は約2万90

00人である。

太平洋空軍

・第5空軍（横田基地）
・第7空軍（韓国）
・第11空軍（アラスカ州）の一部
・在日米空軍（横田基地）

日本には第5空軍の第18航空団、第35戦闘航空団、第374空輸航空団を配置。第5空軍司令官は在日米軍司令官を兼ねている。太平洋正面の兵力は約2万9000人。

日本・自衛隊

令和3年度末の3自衛隊の体制（装備数は令和4年度予算完成時）とする。

陸上自衛隊

5個方面隊、9個師団・6個旅団、地対空誘導弾部隊6個群・1個連隊、地対艦ミサイル連隊5個
定数：常備自衛官15万5990人、即応予備自衛官7981人、予備自衛官4万6000人
主要装備：戦車350両、火砲330門、機動戦闘車200両、装甲車990両、航空機320機

海上自衛隊

護衛隊群4個、掃海隊群1個、潜水隊群2個、航空群7個、地方隊5個

定数等：4万5307人、艦艇141隻、総トン数51万200トン、航空機270機

主要装備：護衛艦54隻、潜水艦22隻、その他の艦艇65隻、作戦用航空機140機

航空自衛隊

戦闘機部隊12個、輸送機部隊3個、空中給油・輸送部隊2個、警戒飛行部隊3個、航空警戒管制部隊28隊、地対空誘導弾部隊6個

定数：4万6928人

主要装備：戦闘機290機、輸送機40機、空中給油・輸送機10機、早期警戒管制機20機

山下裕貴

1956年、宮崎県生まれ。1979年、陸上自衛隊入隊。自衛隊沖縄地方協力本部長、東部方面総監部幕僚長、第三師団長、陸上幕僚副長、中部方面総監などの要職を歴任。特殊作戦群の創設にも関わる。2015年、陸将で退官。現在、千葉科学大学及び日本文理大学客員教授。

著書に『オペレーション雷撃』(文藝春秋)がある。

講談社+α新書 864-1 C

完全《かんぜん》シミュレーション　台湾侵攻戦争《たいわんしんこうせんそう》

山下裕貴《やましたひろたか》

2023年 4 月17日第1刷発行
2023年12月19日第6刷発行

発行者——森田浩章
発行所——株式会社 講談社
東京都文京区音羽2-12-21 〒112-8001
電話 編集(03)5395-3522
販売(03)5395-4415
業務(03)5395-3615

デザイン——鈴木成一デザイン室
カバー印刷——共同印刷株式会社
印刷——株式会社新藤慶昌堂
製本——株式会社国宝社

KODANSHA

定価はカバーに表示してあります。

落丁本・乱丁本は購入書店名を明記のうえ、小社業務あてにお送りください。

送料は小社負担にてお取り替えします。

なお、この本の内容についてのお問い合わせは第一事業本部企画部「＋α新書」あてにお願いいたします。

Printed in Japan
ISBN978-4-06-531959-8